I0026312

PEINTURE

DORURE, TENTURE ET VITRERIE

OBSERVATIONS ET PROPOSITIONS

AYANT RAPPORT AU TARIF DES PRIX DES TRAVAUX DE LA VILLE DE PARIS
ANNÉE 1862
SOUMISES A LA HAUTE APPRÉCIATION
DE MONSIEUR LE PRÉFET DU DÉPARTEMENT DE LA SEINE

suivies de

SOUS-DÉTAILS

EN VUE D'OBTENIR DES MODIFICATIONS POUR 1863
CONFORMES AUX VARIATIONS QU'ONT SUBIES LES PRIX DE LA MAIN-D'OEUVRE
ET DES MATÉRIAUX

PAR

LECLAIRE ET AUGUSTINS

Entrepreneurs de Peinture.

PARIS,

IMPRIMERIE DE MADAME VEUVE BOUCHARD-HUZARD
RUE DE L'ÉPERON, 5

—

1863

PEINTURE

DORURE, TENTURE ET VITRERIE.

PEINTURE

DORURE, TENTURE ET VITRERIE

OBSERVATIONS ET PROPOSITIONS

AYANT RAPPORT AU TARIF DES PRIX DES TRAVAUX DE LA VILLE DE PARIS
ANNÉE 1862
SOUMISES A LA HAUTE APPRÉCIATION
DE MONSIEUR LE PRÉFET DU DÉPARTEMENT DE LA SEINE

suivies de

SOUS-DÉTAILS

EN VUE D'OBTENIR DES MODIFICATIONS POUR 1863
CONFORMES AUX VARIATIONS QU'ONT SUBIES LES PRIX DE LA MAIN-D'OEUVRE
ET DES MATÉRIAUX

PAR

LECLAIRE et AUGUSTINS

Entrepreneurs de Peinture.

PARIS,

IMPRIMERIE DE MADAME VEUVE BOUCHARD-HUZARD
RUE DE L'ÉPERON, 5

1863

INTRODUCTION.

Les auteurs de ce travail ont besoin d'exposer dans quel but il a été fait, ce qui lui a donné lieu, et d'indiquer par la reproduction des lettres qu'ils ont pris la liberté d'adresser à M. le Sénateur, préfet de la Seine, quelle est leur opinion sur les grands avantages qui résultent de la publication du tarif des travaux de la ville de Paris.

L'industrie du bâtiment fait exception à la règle générale du commerce, celui-ci fixe les prix de ses marchandises, en raison de l'abondance ou de la rareté des produits ; il n'en est pas de même du bâtiment, et il est, en effet, très-difficile qu'il en soit ainsi.

M. le Sénateur, préfet du département de la Seine, a institué une commission qui fixe, chaque année, les prix que l'administration municipale doit payer les travaux de tous genres qu'elle fait exécuter. Cette commission, dans le désir d'agir avec impartialité, charge plusieurs de ses membres des soins de recueillir des renseignements ; dans ce but, les membres délégués par leurs collègues s'adressent aux entrepreneurs qu'ils connaissent, ainsi qu'aux chambres syndicales du bâtiment, mais de part et d'autre il n'y a pas une confiance mutuelle.

Les entrepreneurs hésitent à dire la vérité, dans la crainte qu'on la retourne contre eux et qu'ils soient victimes de leur franchise; d'autre part, la commission de révision n'accepte qu'avec défiance les déclarations qui lui sont adressées; d'où il résulte que la lumière se fait difficilement.

Cette défiance semble devoir être d'autant plus fondée, que parmi les entrepreneurs il s'en trouve qui se plaignent des prix trop bas accordés par la commission du tarif, lorsque sur ces mêmes prix il leur arrive de faire des rabais considérables, rabais qui donnent le droit de prétendre que les prix fixés par la commission sont suffisants.

Il y a là une erreur profondément regrettable, car, si on se donnait la peine de rechercher l'origine des rabais, on reconnaîtrait qu'ils ne sont généralement que le résultat des fraudes qui ont lieu dans les travaux; fraudes qu'on tolère, fraudes qui devraient avoir pour conséquence non-seulement de faire exclure les fraudeurs connus des adjudications publiques, mais encore de faire poursuivre et condamner ces fraudeurs suivant les rigueurs de la loi.

Or nous nous permettons de dire que, ceci étant connu de MM. les membres de la commission du tarif, ils devraient se placer au-dessus de considérations qui ne sont, le plus souvent, que des actes d'immoralité et se pénétrer de ce fait incontestable, qu'il y a de grandes souffrances à éprouver, dans l'entreprise de peinture, dorure, tenture et vitrerie, par les hommes qui exercent consciencieusement leur industrie.

La publication de la série des prix de la ville de Paris n'en a pas moins lieu chaque année; MM. les architectes et vérificateurs en font usage, pour régler les mémoires des entrepreneurs qui la subissent; car voudraient-ils l'éviter en faisant un procès, qu'ils seraient obligés de l'accepter, puisqu'elle est devenue la règle de MM. les experts.

Ceci entendu, des renseignements officieux nous ont été demandés; mais le peu de temps qui nous a été accordé ne nous a pas permis de traiter cette question d'une manière aussi complète que nous l'aurions voulu; néanmoins nous avons cru devoir répondre officiellement à cette demande, convaincus qu'il est extrêmement facile de nous contredire, puisque tous les travaux en général ne s'exécutent pas dans les mêmes conditions, qu'il y a des ouvriers plus ou moins habiles les uns que les autres, de forces physiques bien différentes, et qu'enfin la quantité des matériaux employés en peinture varie suivant l'intelligence des individus.

Nos rapports avec plusieurs membres de la commission ne nous ont laissé aucun doute sur leur profond désir d'agir avec équité ; aussi leur avons-nous fourni des renseignements, avec détails à l'appui, qui nous avaient fait espérer qu'il en serait tenu compte ; malheureusement, la publication de la série de 1863 est venue nous apprendre qu'on n'avait eu égard qu'imparfaitement à notre travail.

Nous comprenons que dans une comptabilité aussi importante, préparée dans un espace de temps aussi court, il ait pu se glisser des erreurs, mais un point capital n'a pas été assez étudié par MM. les membres de la commission de révision des prix du tarif ; on n'aurait point dû s'arrêter devant une difficulté insignifiante de comptabilité pour ce qui est des petits travaux, dont se compose généralement la clientèle des nombreux petits entrepreneurs ; de plus, considérablement d'ouvriers, en attendant qu'ils puissent s'établir, ne font, comme les petits entrepreneurs, que des travaux sans importance, lorsque d'autres, pour s'acquitter de loyers en retard, sont employés par leurs propriétaires pour faire des réparations qui ne peuvent aussi être classées que dans la catégorie des petits travaux ; mais, comme MM. les propriétaires savent tous qu'il existe une série de prix de la Ville qui fait loi, ils s'en servent parfaitement eux-mêmes et n'acceptent pas de payer, aux ouvriers qu'ils emploient, des prix autres que ceux du tarif de la Ville et qui sont insuffisants pour les petits travaux.

Donc, il y avait non-seulement équité d'avoir égard à nos observations pour les petits travaux, mais on aurait fait acte d'humanité en s'y arrêtant davantage ; aussi avons-nous pris la liberté de soumettre de nouveau à M. le Sénateur, préfet du département de la Seine, nos observations sur divers points fort importants qui ont échappé à l'attention de MM. les membres de la commission de vérification du tarif de la Ville.

A MONSIEUR LE SÉNATEUR,

PRÉFET DU DÉPARTEMENT DE LA SEINE.

MONSIEUR LE PRÉFET,

Il y a peu de temps encore, les personnes qui faisaient exécuter des travaux de Peinture, Dorure, Tenture et Vitrerie étaient presque à la merci des Entrepreneurs, et en même temps les intérêts de ces derniers étaient souvent livrés à l'arbitraire.

Grâce à votre prévoyance incessante pour l'ordre et la justice, vous avez institué une commission de révision des prix des travaux que fait exécuter l'administration municipale, et en autorisant la publication du travail de cette commission vous avez doté l'industrie du bâtiment d'une comptabilité officielle.

L'usage de cette comptabilité est un fait tellement accompli, que son application fait loi pour les relations entre les entrepreneurs et ouvriers de bâtiment.

La journée des ouvriers peintres, jusque et y compris 1861, n'était fixée qu'à 4 fr. 25 c. pour dix heures de travail; mais ce prix étant devenu insuffisant pour vivre, vu la cherté des loyers et l'augmentation des denrées alimentaires, les ouvriers se sont adressés à Sa Majesté l'Empereur et au premier Magistrat de la Cité, pour obtenir une augmentation de salaire : leur démarche a été favorablement accueillie, le prix de cinq francs a été inscrit en tête de la série, les Entrepreneurs se sont inclinés, et des grèves ont ainsi été prévenues.

Il résulte donc un très-grand bienfait de la publication du tarif qui émane de la

Commission de révision des prix de la Ville de Paris, mais cette œuvre, comme toutes les créations de l'homme, est susceptible de perfectionnements.

Le besoin de ces perfectionnements se fait d'autant plus sentir, que MM. les Membres de la Commission de révision sont devenus des législateurs, puisque la série des prix, qui n'était destinée, dans l'origine, que pour les travaux de votre administration, est devenue le code du bâtiment, dont MM. les Architectes, les Experts et les Tribunaux se servent pour régler les travaux particuliers, non-seulement dans le département de la Seine, mais dans la France entière.

Il serait à désirer, dans l'intérêt des Propriétaires et des Entrepreneurs, qu'un examen approfondi eût lieu, car il existe des prix dans la série, qui sont trop élevés, malgré l'augmentation de la main-d'œuvre et des marchandises, lorsque d'autres sont insuffisants.

La forme adoptée pour la classification de certains articles donne naissance à la fraude, qui conduit certains Entrepreneurs, dans les adjudications publiques, à faire des rabais qui paraissent inexplicables.

C'est avec confiance que nous venons vous soumettre un travail auquel nous nous sommes livrés consciencieusement, et nous mettre à la disposition de l'administration pour répondre à toutes les questions qui pourraient nous être adressées.

Nous avons l'honneur d'être, avec l'expression d'un sentiment de profond respect,

De Monsieur le Sénateur, Préfet,

Les très-humbles et très-obéissants serviteurs,

LECLAIRE,
chevalier de la Légion d'honneur, entrepreneur de peinture,
rue Saint-Georges, 11.

AUGUSTINS,
entrepreneur de peinture,
rue des Écouffes, 7.

Paris, le 6 janvier 1863.

A MONSIEUR LE SÉNATEUR,

PRÉFET DU DÉPARTEMENT DE LA SEINE.

MONSIEUR LE PRÉFET,

Nous venons d'apprendre, par nos confrères de la chambre syndicale, qu'ils avaient adressé des détails à MM. les Membres de la Commission de révision des prix de la Ville, concernant les frais généraux relatifs à notre industrie et les bénéfices qu'ils pensent qu'on doit nous allouer.

Nos confrères exposent que leurs frais généraux sont de 30 pour 100, et ils ne les affectent qu'à la main-d'œuvre; ils demandent, en outre, un bénéfice de 15 pour 100 sur la totalité de leurs dépenses.

Nous craignons qu'en formulant ainsi leur réclamation ils cherchent à rester dans les errements adoptés par la Commission de vérification dans ses applications des frais généraux à la main-d'œuvre.

Il y a, dans nos propositions, un principe de comptabilité que nous nous permettons de discuter; nous avons indiqué ce que nous entendions par frais généraux, et nous maintenons qu'ils doivent être appliqués à la marchandise comme à la main-d'œuvre; nous allons même plus loin, nous prétendons que les frais généraux peuvent disparaître sur la main-d'œuvre, par suite de baisse ou d'un manque total de travaux, lorsqu'au contraire les frais généraux continuent de subsister sur les matériaux et le matériel, pour le capital engagé, le loyer, les impositions, etc. En effet, supposons un menuisier ou un charpentier manquant momentanément d'ouvrage : l'un et l'autre ne sont-ils pas obligés d'avoir des approvisionnements considérables en bois, par centaines de mille francs même? Cette mise de fonds, immobilisée momentanément, ne produirait-elle pas des intérêts, placée en rente sur l'État, ou sous toute autre forme?

Que sont donc ces pertes d'intérêts, sinon des frais généraux?

En peinture, les approvisionnements à l'avance sont moins considérables, mais les frais généraux ne doivent pas moins leur être imputés.

Si nous nous trompons dans nos appréciations de comptabilité, nos erreurs sont commises de bonne foi ; que ces pertes d'intérêts soient couvertes par des allocations de bénéfice au-dessus de 10 %, qu'elles le soient par une allocation directe, sous forme de frais généraux, la forme nous est indifférente, le résultat nous suffit.

Nous maintenons nos dires, que les frais généraux, pour les maisons importantes, sont, en moyenne, de 20 % du chiffre des marchandises et de la main-d'œuvre, et le bénéfice doit être de 10 % sur le tout ; tandis que, pour les petites maisons, les frais généraux ne sont pas moindres de 30 %, et que des bénéfices doivent leur être alloués.

Dans nos détails sur les ponçages à l'eau, nous avons omis d'exposer que, pour les peintures où ces sortes de travaux sont exécutées, un seul et unique ponçage de ce genre doit avoir lieu ; quiconque en compte plusieurs cherche à se faire payer un travail qu'on n'exécute jamais.

Nous nous permettons de le répéter, le tarif des prix des travaux de la Ville de Paris est devenu la comptabilité du bâtiment pour les transactions entre propriétaire et entrepreneur ; nous supplions donc MM. les Membres de la Commission de révision de prendre en considération la situation où se trouve l'entreprise de peinture, eu égard à l'augmentation du prix de la main-d'œuvre et des marchandises, qui modifie essentiellement les bases établies jusqu'ici.

Nous avons l'honneur d'être, avec l'expression d'un sentiment de profond respect,

De Monsieur le Sénateur, Préfet,

Les très-humbles et très-obéissants serviteurs,

LECLAIRE,

chevalier de la Légion d'honneur, entrepreneur de peinture, rue Saint-Georges, 11.

AUGUSTINS,

entrepreneur de peinture, rue des Écouffes, 7.

Paris, le 15 janvier 1863.

OBSERVATIONS ET PROPOSITIONS

AYANT RAPPORT AU TARIF DE 1862,

POUR LES

Prix de travaux de Peinture, Dorure, Tenture et Vitrerie de la Ville de Paris,

SOUMISES A LA HAUTE APPRÉCIATION

DE

MONSIEUR LE SÉNATEUR, PRÉFET DU DÉPARTEMENT DE LA SEINE.

En examinant avec soin les notes explicatives de la série de 1862, on reconnaît que la pensée des auteurs est constamment tendue vers un but de justice et de moralité, et que toutes les sévérités qui y sont exprimées contiennent un ferme désir d'être équitable et de prévenir la fraude; malheureusement, dans plusieurs cas, il arrive que les mesures dépassent le but ou ne l'atteignent pas.

Par exemple, dans les prix de peinture, comme dans ceux de vitrerie, dorure et tenture, des notes restrictives ont pour conséquence de faire appliquer les prix d'une manière souvent désastreuse, aussi bien pour les propriétaires que pour les entrepreneurs. Nous pensons que ces notes pourraient être modifiées, et que d'autres pourraient être ajoutées, afin d'indiquer à quel point de vue MM. les rédacteurs du tarif se sont placés.

En tête de la série ne pourrait-on pas dire :

Les prix de la présente série ne sont établis que pour des travaux d'entretien exécutés dans Paris sur de grandes surfaces, dans des établissements publics, tels qu'églises, hospices, casernes, prisons, théâtres, manufactures, et dans tous endroits analogues, où la

2

solidité est indispensable, mais où généralement on n'exige pas des soins aussi minutieux que dans des habitations particulières. En conséquence, pour les grands travaux neufs, ces prix peuvent subir des rabais ou des augmentations suivant leur nature, leur importance et les époques de payements plus ou moins rapprochées.

Dans plusieurs parties de la série, il existe des énoncés et des classifications qui ne sont point tout à fait en rapport avec la manière dont les choses se passent et qui laissent le champ libre à la fraude, dans l'exécution des travaux et même dans l'application des prix.

Nous comprenons qu'il est nécessaire de s'arrêter à des moyennes, afin de ne point compliquer la comptabilité par de minutieux détails ; mais nous pensons que, dans plusieurs cas, des dispositions différentes de celles qni existent permettraient d'appliquer aux travaux des prix plus en rapport avec le temps qu'on passe à les exécuter.

Ne devrait-on pas, par des notes, chercher à faire comprendre que, pour arriver à une juste application des prix, il faut considérer qu'il y a trois espèces de travaux :

4° Les grands travaux sur lesquels des rabais ont lieu ;

2° Les travaux d'entretien dont les prix sont prévus à la série ;

.3° Enfin les travaux de détail dont le peu d'importance est fréquemment tel, que plusieurs ouvriers sont obligés d'aller , sans faire une journée entière , à plusieurs reprises et à de grandes distances, pour les exécuter ?

Il serait équitable, pour ces derniers, qui se produisent incessamment dans le courant d'une année, de prévoir une augmentation plus ou moins considérable, et ce dans l'esprit de ce qui est indiqué dans les séries de prix de travaux de plusieurs professions et même dans la série de peinture pour le badigeon à la chaux et à l'alun (*observation n° 121, série 1862*), ainsi que pour le décor de bois ou marbre, par petits panneaux (*observation n° 194, série 1862*).

OUVRAGES PRÉPARATOIRES.

Les lessivages , rebouchages , ponçages et enduits sont du nombre des travaux préparatoires dont la classification laisse à désirer.

En examinant les dispositions du tableau que nous avons dressé ayant rapport à ces ouvrages, nous pensons qu'on y reconnaîtra la possibilité de les apprécier d'une manière plus rationnelle.

OUVRAGES A LA CHAUX.

Un nota indique que, pour les ravalements peints à l'huile, le prix comprend tous les échafaudages de quelque nature qu'ils soient.

Cette note devrait être supprimée, et un prix pour la location des échafaudages établi, puisque les entrepreneurs sont obligés de louer ces appareils pour peindre les façades de maisons.

(*Voir, page* 24, *les prix des locations d'échafauds.*)

OUVRAGES A LA COLLE.

Blanc de plafond. — La note suivante devrait être mise :

Deux couches suffisent pour faire de beaux plafonds à la colle, sur plâtre neuf et généralement sur vieux plâtre ; une troisième couche ne sera admise qu'autant qu'elle aura été constatée régulièrement.

Même note à mettre pour les peintures en détrempe.

OUVRAGES A L'HUILE.

Huile bouillante. — Jamais on ne donne trois couches d'huile bouillante, et même il devrait être noté qu'une deuxième ne serait payée qu'autant qu'elle aurait été régulièrement constatée.

Huile pour travaux ordinaires. — Jamais on ne donne quatre couches pour travaux ordinaires sur objets neufs, et même souvent on n'en donne que deux sur certains objets ; une troisième couche, quand on la donne, devrait toujours être constatée par attachement.

Sur objets qui ont déjà été peints on ne donne fréquemment qu'une couche, notamment lorsque les nuances sont d'un ton foncé ; lorsqu'il en serait donné deux, un attachement devrait être produit.

Huile pour travaux très-soignés. — Le mot *très* devrait être supprimé ; il suscite de nombreuses contestations dans les travaux particuliers, puisqu'on l'applique fréquemment aux peintures polies.

Huile pour travaux soignés. — Le soin consiste à rendre les peintures parfaitement lisses, en faisant disparaître toutes les aspérités et les pores qui se trouvent à la surface des objets peints.

Les huiles pour travaux soignés s'exécutent, dans deux conditions différentes, l'une sur objets enduits, l'autre sur objets non enduits.

Les peintures soignées, non enduites, exigent un ponçage et un rebouchage au mastic teinté, qui a lieu d'abord sur la première couche avant de donner la deuxième, et sur celle-ci il faut toujours un léger ponçage et une *révision* de rebouchage au mastic teinté ; si on donne plus de trois couches, on apporte les mêmes soins pour chaque couche en plus de la troisième.

Pour les peintures soignées, on commet une grosse erreur en payant moins cher les dernières couches d'un travail que la première, car elles reviennent plus coûteuses à l'entrepreneur.

Les dernières couches nécessitent des soins nombreux de main-d'œuvre pour les légers ponçages et légers rebouchages, ainsi que dans la préparation des teintes et leur conservation, soins desquels la série ne tient pas compte.

Tant qu'on a pu, à l'aide des petites *sauvettes*, se récupérer, cette anomalie a pu subsister; mais, aujourd'hui qu'on se rapproche de plus en plus de la vérité, il faut arriver à payer les choses ce qu'elles valent : or toutes les couches données en plus de la troisième doivent être payées le même prix que la deuxième.

NOTA. — Jamais il ne sera payé de ponçage quand on ne donnera qu'une couche sur d'anciens fonds pour des peintures soignées.

Huile soignée sur enduit. — L'enduit comprend le rebouchage et le ponçage exécutés avant, pendant et après l'enduit, avant de le couvrir d'une couche; mais toutes les couches qui recouvrent l'enduit exigent un léger ponçage et une révision de rebouchage au mastic teinté.

Ces travaux préparatoires, complémentaires doivent être payés, pour les mêmes raisons que pour les huiles non enduites : donc, toutes les couches données sur celles qui recouvrent l'enduit devront être payées le même prix que la deuxième couche des huiles non enduites.

DÉCORS.

Bronzes. — Une note devrait dire qu'il ne sera jamais alloué que deux couches sur objets qui n'ont jamais été peints, et une couche sur objets qui l'ont déjà été, à moins de constat par attachement.

Bois et marbres. — Il est fait deux catégories de décors; nous proposons de n'en faire qu'une, attendu qu'il y a là une complication pour la comptabilité, une source incessante de contestations et une porte ouverte à la fraude.

Tous les entrepreneurs prétendent que *tout* le décor qu'ils font est soigné, lorsque beaucoup ne le font que sur une ou deux couches, et quelquefois ne donnent-ils que celle qui sert à faire le décor.

Le nombre, plus ou moins grand, de couches et la nature des travaux préparatoires caractérisent parfaitement les soins qu'on a eu l'intention de faire apporter dans l'exécution du décor.

Les bois et les marbres à l'effet peuvent s'obtenir sur un fond rugueux; pourvu qu'ils soient dans le ton de la nature et dans ses formes, à une certaine distance il y aura de l'illusion; mais, pour être vus de près, dans des intérieurs d'habitation, il faut absolument de belles préparations, pour que les nombreux glacis auxquels l'artiste a recours puissent produire leur effet ; mais, dans l'un comme dans l'autre cas, l'entrepreneur paye le même prix au décorateur.

Marbre sur plâtre neuf. — Les marbres sur plâtre neuf s'exécutent souvent sur des enduits faits sans donner de couche ni avant ni après l'enduit ; ces marbres se font ce qu'on appelle dans la pâte (*une couche épaisse*).

Pour le marbre blanc, on donne une couche sur l'enduit, et le décorateur fait son marbre dans la deuxième couche.

Les marbres faits sur objets qui ont déjà été peints reçoivent généralement une couche avant d'enduire, et on exécute le marbre dans la couche donnée sur l'enduit.

Il arrive que sur d'anciens fonds on fait des marbres sans enduit, en ne donnant que la couche qui sert à faire le marbre.

Les bois de décors sur objets qui n'ont jamais été peints exigent deux couches, une avant l'enduit et une après ; il en est de même pour les objets qui ont déjà été peints ; cependant il arrive qu'on fait des enduits sur d'anciens fonds sans donner de couche avant d'enduire, mais il est indispensable d'en donner une sur l'enduit avant de faire les bois.

Les décors peuvent se faire sur une, deux, trois ou un plus grand nombre de couches, suivant le fini du travail qu'on veut obtenir. Il conviendrait donc d'établir trois prix :

$$\text{Décors sur} \left\{ \begin{array}{l} \text{une couche,} \\ \text{deux couches,} \\ \text{trois couches.} \end{array} \right.$$

Mais une note devrait dire qu'il ne serait payé de décor sur trois couches qu'autant que celles-ci seraient constatées par attachement, et que, s'il en était donné plus de trois, elles seraient payées le même prix que la deuxième couche des huiles soignées.

OUVRAGES AU MÈTRE LINÉAIRE.

Jamais il ne devrait être alloué qu'une couche sur des plinthes lorsqu'elles ont déjà été peintes, et deux couches lorsqu'elles sont neuves, excepté celles en marbre blanc, pour lesquelles trois couches sont nécessaires pour le dernier cas, et deux dans le premier, si les anciens fonds sont d'une teinte foncée.

Jamais il ne sera alloué plus de deux couches de réchampissage en blanc sur moulures, et plus d'une couche sur ornements, si cela n'est point établi par attachement.

Barreaux. — Les barreaux en bronze sur anciens fonds ne devraient être comptés qu'à une couche, et les barreaux neufs à deux couches, y compris celle au minium, s'il en était fait application.

Pour peinture unie de barreaux, quel que soit le ton, il en sera de même.

DORURE.

Les prix de la dorure sont insuffisants.

Pour fournir l'or indiqué à la série, et faire les apprêts indispensables pour de bons et beaux travaux, nos maisons ne peuvent exécuter la dorure qu'au prix du tableau que nous produisons page 46.

TENTURE.

Papiers. — Tous les prix de collage et de fourniture de papiers d'apprêts sont trop bon marché ; il en est de même des collages sans fourniture.

Toile et calicot. — Pour le tendage des toiles, il est indiqué que le marouflage et le bordage font partie du prix ; il conviendrait de fixer un prix pour le tendage, et un pour le marouflage et le bordage, conformément à ce que l'on paye aux ouvriers, attendu qu'il y a deux opérations bien distinctes.

Quelle que soit la petite dimension d'une toile tendue, il faut maroufler et border les extrémités, pour qu'elle soit solidement fixée. Par exemple, un carré de toile de 4 mètres de haut sur 4 mètres de long produit 16 mètres de pourtour de marouflage et de bordage ; et si, au milieu de cette toile, il se trouve une armoire à deux vantaux, ce qui a lieu fréquemment, et qu'elle ait 2 mètres de haut sur 1m,50 de large, le marouflage et le bordage seront augmentés de 18 mètres, ce qui fera 34 mètres de marouflage et de bordage ; enfin, si, au lieu d'avoir une surface de 16 mètres à tendre d'un seul morceau, on avait quatre parties de 1 mètre de large sur 4 mètres de haut, on aurait 40 mètres de marouflage et de bordage, au lieu de 16, pour la même surface de toile tendue.

Il ne faut que s'y arrêter pour reconnaître que le marouflage et le bordage doivent être payés à part.

VITRERIE.

Les fabricants de verres ne fournissent point directement aux entrepreneurs de peinture et vitrerie de la capitale, ces derniers sont obligés de s'approvisionner chez des marchands détaillants, qui leur font la concurrence.

Cette concurrence est d'autant plus inégale que non-seulement les marchands de verres vendent aux entrepreneurs plus cher qu'ils n'achètent , mais il en est parmi eux qui, dans leurs nombreux déballages, font des triages qui les mettent à même de fournir des qualités de verre d'un prix de revient inférieur, et qu'ils font payer comme étant d'un prix plus élevé ; tous ces petits *maquillages* (pournous servir d'une expression d'un de ces messieurs) doivent cesser.

Les prix de base des verres, dans les douze mesures du commerce et dans les grandes mesures, sont beaucoup trop chers. (*Voir plus loin les prix courants actuels, page* 68.)

VERRE DEMI-BLANC, DANS LES DOUZE MESURES DU COMMERCE, POUR FOURNITURE, POSE ET MASTICAGE AU MÈTRE SUPERFICIEL.

L'épaisseur de ce verre est indiquée ; elle est inexacte et inutile pour reconnaître la vérité ; si on veut échapper complétement à la fraude, il convient d'indiquer le poids seulement du mètre superficiel, qui est, au minimum, de 4 kilogrammes pour le verre simple, de $6^k,250$ pour le verre demi-double, et 8 kilogrammes pour le verre double.

Il est indiqué, en verre simple, du quatrième, du troisième et du deuxième choix, et il n'est point prévu de prix de quatrième choix pour le verre double et le verre demi-double ; il semblerait donc qu'il n'en existe point dans le commerce, ce qui est inexact, d'où il résulte de cette omission que le verre double et demi-double du quatrième choix est écoulé pour du troisième.

Tous les prix de la vitrerie, au mètre, sont beaucoup trop élevés, pour ce qui est de la vitrerie neuve, notamment pour les grandes surfaces ; quant à ce qui est de la vitrerie en réparation et en petites parties neuves, les prix sont trop faibles ; nous entendons par petites parties de vitrerie neuve tout ce qui est exécuté dans un même endroit, dans le même moment et dont la quantité est inférieure à 8 mètres superficiels.

Cette vitrerie, en petite quantité, doit être classée dans la vitrerie en réparation, car, à part le démasticage, elle est aussi coûteuse à l'entrepreneur que la vitrerie en réparation.

Deux classifications sont établies pour la vitrerie avec contre-masticage ; l'une pour les châssis de comble ou vitraux en fer, l'autre pour lanternes en fer.

Si on entend par châssis de comble toutes espèces de châssis de toits en pente, ceux-ci doivent être classés dans les lanternes en fer, la nature de la vitrerie étant exactement la même ; et si, par vitraux en fer, on comprend que ce sont des châssis verticaux, ils doivent être classés dans le vitrage des portes et des croisées, puisque, au lieu de mettre des pointes à vitrer pour fixer les verres, on met des goujons en bois dans des trous percés à cet effet.

L'expression de la série (*avec contre-masticage*) n'est pas exacte, elle devrait disparaître et être remplacée par (*à bain de mastic*).

Le contre-masticage des châssis de comble et lanternes en fer est une opération qui n'est que le résultat d'une pose mal faite de verre entre deux mastics.

Pour vitrer une lanterne dans de bonnes conditions, il faut remplir les feuillures de mastic, poser les verres et opérer une pression assez forte pour faire baver le mastic en dessous, qu'on recoupe ensuite ; un contre-masticage n'a lieu que lorsqu'on a fait économie de mastic ; il ne devrait pas en être question, et encore moins doit-il être payé.

Il est de certains châssis verticaux qui obligent d'employer des fers à T d'une grande dimension, tels que pour les établissements de photographie ; dans ce cas, une plus grande quantité de mastic est employée ; or, comme ces cas sont assez rares, si une moyenne doit avoir lieu, c'est évidemment en confondant ces châssis avec les portes et les croisées ; mais, lorsqu'ils sont vitrés à bain de mastic, ils doivent rentrer dans la catégorie des lanternes, ainsi que toute espèce de verre posé à bain de mastic.

VERRE DEMI-BLANC SIMPLE 2ᵉ CHOIX.

Hors mesure, sans pose.

Toutes les dimensions de verres hors mesure livrés au commerce ne figurent point dans la série ; cette omission est d'autant plus regrettable que les intérêts des personnes qui font faire de la vitrerie dans ces dimensions se trouvent à la merci des vitriers.

Nous proposons de les porter toutes et d'indiquer que les prix sont pour du *verre blanc*, puisqu'on ne fabrique pas de *verre demi-blanc* dans les grandes mesures (*voir le tableau, page* 72.)

La classification des dimensions de 3 en 3 centimètres amène fréquemment des discussions pour l'application du tarif, malgré la note explicative (*série* 1862, *observation* n° 358), où il est dit que le minimum de la dimension d'une mesure devra toujours être adopté pour fixer le prix d'un verre.

Cette mesure restrictive de minimum est insuffisante, attendu que c'est 6 centimètres sur la largeur et autant sur la hauteur qu'accorde le commerce pour les grandes mesures, et non pas trois, comme on a pu le penser. Il y a donc encore là une erreur qu'il convient de faire disparaître ; nous proposons de payer le verre de

3 en 3 centimètres, conformément au tableau que nous avons établi à cet effet, page 72, et ce de manière à y comprendre la bonification accordée par le commerce.

Pour fixer le prix d'une feuille de verre d'une mesure intermédiaire, entre chaque 3 centimètres on prendra le chiffre maximum correspondant. Par exemple, une feuille de $0^m,48 \times 1^m,04$ sera payée comme $0^m,48 \times 1^m,05$.

Une de $0^m,49 \times 1^m,05$ sera payée comme $0^m,51 \times 1^m,05$, et ainsi de suite.

Pose des verres hors mesure, simples, demi-doubles et doubles, compris toutes fournitures et accessoires.

Le prix de la pose des verres hors mesure, en réparation, en petite quantité et en vitrerie neuve, n'est pas à sa valeur pour les petites dimensions, mais pour les grandes il est beaucoup trop cher. Le seul moyen pour fixer la pose des verres d'une manière rationnelle et équitable, c'est d'en établir le prix au mètre superficiel (*voir page 77*).

En résumé, en examinant les divers tableaux suivants, on reconnaîtra dans quelles proportions nous considérons qu'il conviendrait de baisser ou d'augmenter les prix.

DÉTAILS

Qui ont servi à établir les prix de Peinture, Dorure, Tenture et Vitrerie, pour le travail dont se sont occupés MM. Leclaire et Augustins, concernant les rectifications à faire à la série des prix de 1862 pour l'année 1863.

PEINTURE.

OBSERVATIONS GÉNÉRALES.

Les frais généraux portés à 11 p. 100 sur la main-d'œuvre sont insuffisants.

Il y a plusieurs natures de dépenses dans les travaux de peinture, vitrerie, etc., etc.

Nous les classons de la manière suivante :

> Frais de main-d'œuvre,
> Frais de marchandises,
> Faux frais ou frais généraux.

Ceux-ci comprennent les fournitures de brosses de toutes sortes, dont font usage les peintres, les échelles, cordes, cordages, camions, bidons, la rédaction et la confection des mémoires, les frais d'employés, la patente, les impositions, le loyer, les secours aux ouvriers blessés dans les travaux, les assurances, les faillites, etc., etc.; en un mot, tout ce qui n'est, à la lettre, ni main-d'œuvre ni marchandise.

Or ces frais généraux, pour les petits entrepreneurs, ne sont pas moindres de 30 pour 100; mais, à mesure que les affaires s'agrandissent, ils diminuent; pour nous, par exemple, ils sont de 18 à 20 pour 100 du chiffre des marchandises et de la main-d'œuvre réunies.

Les frais généraux sont plus ou moins élevés en raison de la nature des industries : celles, par exemple, qui emploient beaucoup d'ouvriers à la journée obligent à une grande surveillance, qui ne peut s'exercer que par des agents dévoués et qu'il faut payer fort cher.

La peinture est de ce nombre ; de plus, la confection des mémoires ainsi que toutes les mesures d'ordre pour les attachements, etc., etc., obligent à beaucoup d'écritures, lorsqu'au contraire, pour la vitrerie neuve, la miroiterie, où les fournitures dépassent de beaucoup la main-d'œuvre, où il y a peu de surveillance à exercer et où les mémoires se réduisent, en quelque sorte, à une facture, les frais généraux sont infiniment moindres.

En conséquence, pour la peinture, nous demandons que les frais généraux soient fixés à 20 pour 100 des chiffres réunis de la main-d'œuvre et des marchandises, et que le bénéfice soit maintenu, au minimum, à 10 p. 100 sur le tout, puis de rectifier l'observation générale en tête de la série de la manière suivante

Observation générale. — Les prix de règlement se composent

1° Des dépenses en main-d'œuvre ;

2° Des dépenses en marchandises ;

3° Des frais généraux applicables à ces déboursés ;

4° Du bénéfice qui doit être accordé pour ces dépenses.

Pour la peinture, les frais généraux sont fixés à 20 p. 100.

— les bénéfices à 10 p. 100.

JOURNÉES.

Le prix de 5 francs pour 10 heures de travail doit être maintenu.

NUITS.

Pour éviter les nombreuses contestations qui résultent de la mauvaise interprétation de l'article qui parle de la nuit de peintre, il convient de modifier cet article comme il suit :

La nuit pour 8 heures de travail sera payée 7 fr. 50.

MATÉRIAUX.

Les prix de base sont établis d'après les cours des essences et des huiles au 23 décembre 1862.

Les bénéfices alloués sur les prix de base doivent être envisagés à deux points de vue : les matériaux pris chez le marchand, 10 p. 100 de bénéfice suffisent pour l'intermédiaire; mais, du moment où celui-ci est obligé d'opérer une livraison, il est entraîné à des frais d'emballage et de transport qui doivent être payés : c'est donc 15 p. 100 qui doivent lui être alloués, et non 10, comme l'indique la série.

OUVRAGES PRÉPARATOIRES.

Ces travaux ne devraient s'exécuter qu'à la journée, mais nous comprenons tous les abus qui pourraient avoir lieu en raison des conditions différentes dans lesquelles ils s'exécutent; aussi resterons-nous dans les errements suivis jusqu'à ce jour.

Il est appliqué 25 p. 100 d'augmentation sur les prix de la série de l'année 1861 pour les travaux préparatoires, où il n'entre que très-peu ou point de marchandise; tels sont l'époussetage, l'égrenage, les grattages de diverses espèces et le lavage.

Nous avons rectifié le prix du grattage et du brûlage à l'essence d'anciennes peintures à l'huile, en le portant à 2 fr. 50, compris le lessivage; nous basant sur des expériences et ajoutant aux résultats obtenus 25 p. 100 pour augmentation du prix de la journée, 20 p. 100 de frais généraux et 10 p. 100 de bénéfice.

Rarement on a de la détrempe vernie à gratter, et le prix de 0 fr. 60 serait trop bas, il vaudrait 2 fr., compris le lessivage qui s'y rattache.

LESSIVAGES POUR REPEINDRE ET POUR CONSERVER.

Les lessivages pour conserver, dans beaucoup de cas, se font à l'éponge, sans emploi presque d'eau seconde, tandis que pour repeindre il faut, à l'aide d'une brosse, mouiller la surface avec de l'eau seconde et la laver ensuite pour enlever celle-ci; donc, ces deux dépenses se balancent et peuvent être cotées le même prix.

REBOUCHAGE A LA COLLE ET A L'HUILE POUR REPEINDRE.

L'augmentation est basée sur ce fait, qu'avant 1862 les prix étaient insuffisants, et que, par suite du renchérissement de la main-d'œuvre, il convient de porter les rebouchages à 25 °/₀ de plus qu'en 1861, malgré l'augmentation faite en 1862.

REBOUCHAGE TEINTÉ,

en raccord de peintures soignées, compris nettoyage des taches à la ponce broyée.

Lorsqu'on fait des rebouchages au mastic teinté sur d'anciennes peintures lessivées pour conserver, ce n'est point un travail de rebouchage ordinaire pour repeindre ; non-seulement il faut raccorder les tons, mais partout où l'on fait ces rebouchages on est obligé d'effacer les taches qui restent après le lessivage ; ces taches, généralement, disparaissent en frottant dessus avec de la ponce broyée et non en y faisant des raccords, qui, au bout de peu de temps, produisent des taches nouvelles et plus considérables que si on avait laissé les anciennes. On ne doit donc pas accorder de raccords, sans qu'un attachement constate qu'il y en a eu de faits; mais sur les objets ornés de moulures, tels que portes, croisées, faces de volets apparentes, boiseries divisées par panneaux, le temps à dépenser pour le rebouchage, ainsi que pour enlever les taches, est considérable; le prix de ces deux opérations ne doit pas être payé moins de 0 fr. 25 le mètre.

Lorsque des rebouchages, en raccord au mastic teinté, ont lieu dans des bâtiments nouvellement construits, ce prix est insuffisant ; la disjonction des onglets, des rainures et même des moulures rapportées sur plâtre, par suite du travail des bois neufs dont on fait usage dans les constructions, nécessite une dépense de temps plus grande encore, et dans ce cas les rebouchages doivent être payés 0 fr. 50 le mètre superficiel.

Les rebouchages en raccord au mastic teinté sur plafonds, corniches, ébrasements de portes unis, ébrasements de croisées unis, derrières de volets, frises unies, ainsi que dans les panneaux unis, parmi les lambris de hauteur ayant plus de 2 mètres de longueur et 0m,40 de largeur, et sur toutes peintures ordinaires ornées de moulures ou non, devraient être payés 0 fr. 05 le mètre superficiel.

PONÇAGE A SEC.

Le ponçage à sec ne doit pas être admis pour peintures soignées sur d'anciens fonds lorsqu'on ne donne qu'une couche ; le prix de ce travail doit être différent, en raison de la forme des objets sur lesquels on l'exécute ; nous indiquons plus loin, à nos prix de règlement, la manière dont il doit être payé.

PONÇAGE A L'EAU

sur teinte dure.

Les prix ont été basés sur des expériences qui ont amené les résultats suivants :
Pour poncer à l'eau 59 mètres superficiels de boiserie composée de panneaux,

champs et moulures *très-compliqués*, il a été passé 467 heures à 0 fr. 50 l'une 233f. 50

Marchandise employée, ponce et pierre factice. 8 85

242 35

Frais généraux, 20 °/°. 48 47

290 82

Bénéfice, 10 °/°. 29 08

Total pour 59 mètres superficiels. 319 90

Soit pour un mètre superficiel. 5 42

ENDUITS.

ENDUITS POUR TRAVAUX SOIGNÉS SUR PANNEAUX ET CHAMPS, LES MOULURES NON ENDUITES.

Composition de l'enduit et prix de revient (en moyenne):

10k.000 blanc de zinc broyé ou céruse, à 0 fr. 90 le kilog. 9f.00

10 000 blanc d'Espagne, à 0 fr. 01. . . . . 0 10

3 500 huile de lin, à 1 fr. 50. . . . . 5 25

1 300 essence de térébenthine, à 2 fr. 40. . . . . 3 12

1 240 siccatif, à 0 fr. 90. 1 12

26 040 poids total.   Prix du poids total. . . . 18 59

Soit pour 1 kilog. d'enduit. 0f.72

Pour enduire 10 mètres superficiels sur panneaux et champs, il faut :

Main-d'œuvre, 0 fr. 35 par mètre. 3 50

Marchandises, 250 grammes par mètre, soit 2k,500 à 0 fr. 72 le kilog. . 1 80

Révision (compris mastic, 0 fr. 20 par mètre). 2 00

Ponçage (compris papier de verre, 0 fr. 30 *idem*). 3 00

10 30

Frais généraux (faux frais), 20 °/°. 2 06

12 36

Bénéfice, 10 °/°. 1 24

Total pour 10 mètres superficiels. 13 60

Soit pour 1 mètre superficiel. 1 36

ENDUIT POUR TRAVAUX SOIGNÉS SUR PANNEAUX, CHAMPS ET MOULURES.

La composition et le prix de revient du kilogramme sont les mêmes que pour l'enduit précédent.

Pour enduire 01 mètres superficiels sur panneaux, champs et moulures, il faut :

Main-d'œuvre, 0 fr. 80 par mètre. . . . . à	8 f. 00
Marchandises, 300 grammes par mètre, soit 3 kilog. à 0 fr. 72 le kilog. .	2 16
Révision (compris mastic).	2 00
Ponçage (compris papier de verre).	3 00
	15 16
Frais généraux (faux frais), 20 %.	3 03
	18 19
Bénéfice, 10 %.	1 82
Total pour 10 mètres superficiels.	20 01
Soit pour 1 mètre superficiel.	2 00

ENDUIT POUR TRAVAUX SOIGNÉS SUR GRANDES PARTIES UNIES, Y COMPRIS TOUS PANNEAUX AYANT MOINS DE $0^m,40$ DE LARGE ET 2 MÈTRES DE LONG.

La composition et le prix de revient du kilog. d'enduit sont les mêmes que ci-dessus.

Pour enduire 10 mètres superficiels pour travaux soignés sur grandes parties unies, y compris tous panneaux ayant moins de $0^m,40$ de large et 2 mètres de long, il faut :

Main-d'œuvre (à 0 fr. 35 par mètre).	3 50
Marchandises (400 grammes par mètre), soit 4 kilog. à 0 fr. 72 le kilog. . .	2 88
Révision (compris mastic).	0 50
Ponçage (compris papier de verre), 0 fr. 10 par mètre, soit.	1 00
	7 88
Frais généraux (faux frais), 20 %.	1 58
	9 46
Bénéfice, 10 %.	0 95
Total pour 10 mètres superficiels.	10 41
Soit pour 1 mètre superficiel.	1 04

Les enduits pour cuisines, couloirs et tous endroits analogues, composés de mastic ordinaire dans lequel il n'entre qu'un cinquième de blanc de zinc ou de céruse, et sur lesquels on ne fait ni ponçage ni révision de rebouchage, valent le mètre superficiel. . . . . 0 f. 50

Nota. *Il est fait observer que les trois catégories d'enduits dont nous donnons ci-dessus les sous-détails sont ceux desquels on fait usage ; quant aux autres prévus à la série de 1862, ils ne sont qu'une complication tout à fait inutile, qui entraîne à des discussions incessantes.*

Pour ce qui est des enduits à la colle, nous en proposons la suppression, cette indication étant une porte ouverte à la fraude.

OUVRAGES A LA CHAUX.

Nous avons fait observer que la note indiquant le prix de la peinture des façades de maisons comprenant la location des échafaudages devait être supprimée et que le prix de ces locations devait être payé par les propriétaires, puisque tous les entrepreneurs qui en font usage sont obligés de les louer au prix du tarif suivant, sur lequel il leur est fait une remise de 10 %, quand les propriétaires ne traitent pas directement.

TARIF DU PRIX DES POSES ET LOCATIONS DES ÉCHAFAUDAGES VOLANTS.

Pose et dépose de 2 à 6 mètres, 8 fr. ; location par jour, 1 fr. 50

Id.	6 à 10	10	id.	2	—
Id.	10 à 15	12	id.	2	50
Id.	15 à 20	14	id.	3	—
Id.	20 à 25	16	id.	3	50
Id.	25 à 30	20	id.	4	—
Id.	30 à 35	22	id.	5	—
Id.	35 à 40	24	id.	5	50

Les changements se font à moitié prix des poses.

Lorsque, conformément aux ordonnances de police, il sera placé un gardien pour faire déranger les passants quand on travaillera aux façades des maisons, le temps de ce gardien sera payé 4 fr. pour 10 heures de travail, comme prix de base.

OUVRAGES A LA COLLE.

Pas de réclamation, excepté pour introduire des notes restrictives sur le nombre de couches.

OUVRAGES A L'HUILE

pour travaux ordinaires.

Ces peintures comprennent généralement toutes celles qui s'exécutent dans les cuisines, couloirs, chambres de domestiques, escaliers de service, façades de maisons, persiennes, dehors de croisées et divers endroits analogues.

Une couche d'impression sur plâtre, bois de chêne et sapin diffère de proportion en liquide et solide selon la nature des corps à imprimer. La composition ci-dessous est une moyenne.

Composition de la peinture détrempée et prix de revient.

6 k. 500	blanc de zinc broyé ou céruse, à 0 fr. 90.	5 f.	85
5 750	huile de lin, à 1 fr. 50.	8	63
5 750	essence de térébenthine, à 2 fr. 40 le kil.	13	80
0 900	siccatif liquide, à 1 fr. 75.	1	58

18 k. 900 poids total.   Prix du poids total, 29 f. 86

Soit pour un kilog. de peinture détrempée. . . . 1 f. 58

MAIN-D'OEUVRE.—Un bon ouvrier, en 10 heures de travail, suivant la nature et la forme des objets unis ou ornés de moulures, peut, en moyenne, faire 50 mètres superficiels d'impression.

Pour faire 50 mètres superficiels 10 heures, à 0 fr. 50 l'une. . . . . . 5 f. 00
Marchandises (125 grammes par mètre en moyenne), soit 6ᵏ,250 à
1 fr. 58 le kilog. 9 88

14 88
Frais généraux, 20°/₀. 2 98

17 f. 86
Bénéfice, 10 °/₀. 1 79

Total pour 50 mètres superficiels. . . . . 19 f. 65

Soit pour 1 mètre superficiel. . . . . 0 f. 39

4

2° couche.

Composition de la peinture détrempée et prix de revient.

5 k. 000	blanc de zinc broyé ou céruse, à 0 fr. 90 le kilog.	4 f. 50
0 750	huile de lin, à 1 fr. 50 le kilog.	1 13
0 750	essence de térébenthine, à 2 fr. 40.	1 80
0 325	siccatif liquide, à 1 fr. 75.	0 57

6 k. 825 poids total.   Prix du poids total,   8 f. 00

Soit pour un kilog. de peinture détrempée. . . . 1 f. 17

MAIN-D'OEUVRE.—*Un bon ouvrier peut faire, en moyenne, 35 mètres superficiels en 2° couche en 10 heures de travail.*

Pour 35 mètres superficiels 10 heures, à 0 fr. 50.		5 f. 00
Marchandises (0,90 grammes par mètre), soit 3ᵏ,150 à 1 fr. 17 le kilog.		3 69
		8 69
Frais généraux, 20 °/₀.		1 74
		10 f. 43
Bénéfice, 10 °/₀.		1 04

Total pour 35 mètres superficiels. . . . . . . 11 f. 47

Soit pour 1 mètre superficiel. . . . . 0 f. 33

3° couche.

Composition de la peinture détrempée et prix de revient.

5 k. 000	blanc de zinc broyé ou céruse, à 0 fr. 90.	4 f. 50
1 333	huile de lin, à 1 fr. 50.	2 00
0 667	essence de térébenthine, à 2 fr. 40 le kilog.	1 60
0 350	siccatif liquide, à 1 fr. 75.	0 61

7 k. 350 poids total.   Prix du poids total. . . 8 f. 71

Soit pour 1 kilog. de peinture détrempée. . . . . 1 f. 19

MAIN-D'OEUVRE. — *Même observation que pour la 2° couche pour ce qui a rapport à la quantité de mètres superficiels que fait en 10 heures un bon ouvrier peintre.*

Pour 35 mètres superficiels 10 heures, à 0 fr. 50. . . . . 5 f. 00

Marchandises (0ᵏ,80 par mètre superficiel), soit 2ᵏ,800 à 1 fr. 19 le kil.   3   33

8 f. 33

Frais généraux (faux frais), 20 %.   1   67

10 f. 00

Bénéfice, 10 %.   1   00

Total pour 35 mètres superficiels. . . . .   11 f. 00

Soit pour 1 mètre superficiel. . . . . . .   0 f. 32

PEINTURES SOIGNÉES.

Lorsque des peintures soignées seront faites sur plâtre ou bois neufs, la première couche de ces peintures sera payée comme la première des peintures ordinaires, soit. . . . .   0 fr. 39

2° couche pour travaux neufs ou 1ʳᵉ sur anciens fonds.

Composition de la peinture détrempée et prix de revient.

5 k.000 de blanc de zinc broyé ou céruse, à 0 fr. 90 le kilog. . . . . . .   4 f. 50

0   750 huile de lin, à 1 fr. 50.   1   13

0   750 essence de térébenthine, à 2 fr. 40.   1   80

0   325 siccatif liquide, à 1 fr. 75.   0   57

6 k.825 poids total.   Prix du poids total. . . .   8 f. »

Soit pour 1 kilog. de peinture détrempée. . . . .   1 f. 17

Mᴀɪɴ-ᴅ'ᴏᴇᴜᴠʀᴇ. — *Un bon ouvrier ne peut faire, en moyenne, que 15 mètres superficiels de peinture soignée en deuxième couche en 10 heures de travail.*

Pour 15 mètres superficiels 10 heures, à 0 fr. 50 l'une. . . . . . .   5 f. 00

Marchandises (90 grammes par mètre), soit 1ᵏ,350 grammes à 1 fr. 17 le kilog.   1   58

                                                 6   58

Frais généraux (faux frais), 20 p. º/₀.   1   32

                                                 7   90

Bénéfice, 10 º/₀.   0   79

           Total pour 15 mètres superficiels.   8   69

           Soit pour 1 mètre superficiel. . . . .   0 f. 58

3ᵉ couche pour travaux neufs ou 2ᵉ sur anciens fonds.

Composition de la peinture détrempée et prix de revient.

5 k. 000 blanc de zinc broyé ou céruse, à 0 fr. 90 le kilog. . . . .   4 f. 50

0   116 huile de lin, à 1 fr. 50.   0   17

0   814 essence de térébenthine, à 2 fr. 40.   1   95

0   297 siccatif liquide, à 1 fr. 75.   0   52

6 k. 227 poids total.   Prix du poids total. . .   7 f. 14

           Soit pour 1 kilog. de peinture détrempée. . . . .   1 f. 15

MAIN-D'OEUVRE. — *Un bon ouvrier ne peut faire environ que 15 mètres superficiels de peinture soignée en troisième couche en dix heures de travail, compris léger ponçage et révision.*

Pour 15 mètres superficiels 10 heures, à 0 fr. 50. . . . .   5 f. 00

Marchandises (80 grammes par mètre), soit 1ᵏ,200 grammes à 1 fr. 15 le kilog.   1   38

                                                 6   38

Frais généraux (faux frais), 20 p. º/₀.   1   28

                                                 7   66

           Bénéfice, 10 p. º/₀.   0   77

           Total pour 15 mètres superficiels. . . . .   8 f. 43

Soit pour 1 mètre superficiel. . . . .   0 f. 56

Mettre une note sur la série qui dise qu'un léger ponçage et une révision de rebouchage au mastic teinté sont compris dans le prix de la deuxième couche sur anciens fonds et troisième couche des travaux neufs soignés, ainsi que dans le prix de chaque couche successive.

NOTA. *Lorsque sur d'anciens fonds on ne donne qu'une couche, il n'y a pas de ponçage à compter, mais le rebouchage seulement : au contraire, un rebouchage et un ponçage doivent être accordés pour les travaux soignés à deux couches sur anciens fonds, et sur la couche d'impression pour travaux neufs soignés.*

HUILE

au blanc d'argent ou de neige pur faite avec grand soin, compris léger ponçage et révision.

Composition de la peinture détrempée et prix de revient.

5k.000	blanc de neige broyé ou blanc d'argent, à 1 fr. 20 le kilog. . . .	6 f. 00
0 116	huile de lin, à 1 fr. 50.	0 17
0 814	essence de térébenthine, à 2 fr. 40.	1 95
0 297	siccatif liquide, à 1 fr. 75.	0 52
6k.227	poids total. Prix du poids total. .	8 f. 64

Soit pour 1 kilogramme de peinture détrempée. 1 39

MAIN-D'ŒUVRE. — *Un bon ouvrier ne peut faire environ que 15 mètres superficiels de peinture au blanc d'argent en dix heures de travail, compris léger ponçage et révision.*

Pour 15 mètres superficiels 10 heures, à 0 fr. 50.	5 f. 00	
Marchandises (80 grammes par mètre), soit 1k,200 grammes		
à 1 fr. 39 le kilogramme.	1	67
	6	67
Frais généraux (faux frais), 20 %.	1 f. 34	
	8	01
Bénéfice, 10 %.	0	80
Total pour 15 mètres superficiels.	8 f. 81	
Soit pour 1 mètre superficiel.	0 f. 59	

PLUS-VALUE DE COULEURS FINES.

Lorsqu'il est fait usage de couleurs fines soit pour peintures ordinaires, soit pour peintures soignées, elles ne reviennent pas meilleur marché à l'entrepreneur dans un cas que dans l'autre.

La plus-value actuelle est suffisante et elle doit être accordée dans les deux cas ci-dessus pour les tons dont les nuances ne sont pas très-foncées; mais, à mesure que les nuances augmentent d'intensité, cette plus-value est loin d'être suffisante.

VERNIS.

Pas de demande d'augmentation, malgré l'élévation du salaire et du prix de l'essence et des vernis.

OUVRAGES DE DÉCORS.

Nous avons fait observer que le plus ou moins grand nombre de couches et la multiplicité des travaux préparatoires constituaient le soin qu'on désirait apporter dans les travaux de décors, et nous ajoutons que ce n'est nullement ce qu'on paye aux décorateurs qui augmente la valeur des décors plus ou moins soignés, puisque les artistes qui exécutent ces sortes de travaux ne font payer qu'un prix uniforme aux entrepreneurs, prix qui serait tout à fait insuffisant sans le concours des nombreux apprentis employés dans ces sortes d'ouvrages.

Si les décors n'étaient exécutés que par des hommes qui sachent bien leur métier, la façon des décors coûterait, en moyenne, 3 fr. à 3 fr. 50 le mètre; en conséquence, il conviendrait, pour rester d'accord avec la manière dont les choses se passent, de n'avoir qu'un prix de façon, qui serait ajouté à ceux des couches de fond et travaux préparatoires sur lesquels les décors seront exécutés; néanmoins, tout en établissant un prix de façon de décor, compris vernis, nous proposons les dispositions suivantes, tout en confondant ensemble les bois et les marbres, bien que la dépense diffère dans l'exécution.

BRONZE.

Sur fond huile 1 couche.

Façon de bronze.	1 f. 09
Huile une couche, travaux soignés.	0 58
Ponçage, prix moyen pour parties unies et parties ornées de moulures. .	0 15
Vernis gras, une couche.	0 40
Prix du mètre superficiel.	2 f. 22

Sur fond huile 2 couches.

Façon de bronze. . . . . 1 f. 09
Huile, travaux soignés, deux couches. 1 14
Ponçage, prix moyen, *idem*. 0 15
Vernis gras, une couche. 0 40

        Prix du mètre superficiel. . . . . 2 f. 78

BOIS ET MARBRES DE TOUTES NATURES.

Sur fond huile 1 couche.

Façon de décor. . . . . 1 f. 09
Huile, une couche, travaux soignés 0 58
Ponçage, prix moyen, *idem*. 0 15
Vernis gras, une couche. 0 40

        Prix du mètre superficiel. . . . . 2 f. 22

Sur fond huile 2 couches.

Façon de décor. . . . . 1 f. 09
Huile, deux couches, travaux soignés 1 14
Ponçage, prix moyen, *idem*. 0 15
Vernis gras, une couche. 0 40

        Prix du mètre superficiel. . . . . . . 2 f. 78

Sur fond huile 3 couches dont une d'impression.

Façon de décor. . . . . 1 f. 09
Impression. 0 39
Huile, deux couches, travaux soignés. 1 14
Ponçage, prix moyen, *idem*. 0 15
Vernis gras, une couche. 0 40

        Prix du mètre superficiel. . . . . 3 f. 17
Façon de décor, compris vernis gras une couche, le mètre superficiel. . . 1 f. 50

NOTA. — *Lorsqu'il sera exécuté des décors sur fond de peinture ordinaire, il ne sera point compté de ponçage; la façon du décor, compris vernis, sera ajoutée aux couches de fond.*

Lorsqu'il sera donné trois couches pour faire des décors, bronze, bois et marbres, la première couche sera comptée comme impression.

Lorsqu'il sera donné plus de trois couches, la quatrième et les suivantes seront comptées chacune comme la deuxième couche des peintures soignées.

COUTIL DE BRUXELLES.

Pas de réclamation ; mais nous ferons observer que, si les filets étaient plus éloignés les uns des autres que ne le sont ceux de la toile qui porte ce nom, le prix actuel serait trop cher; or il serait donc rationnel de payer les filets au mètre linéaire.

MISE EN COULEUR.

Siccatif brillant.

Pour faire 83 mètres superficiels de mise en couleur, il faut huit heures vingt
minutes à 0 fr. 50 cent. l'heure. 4 f. 17
Siccatif brillant employé, 13ʳ,400 à 2 f. 25. . . . . 30 15
                                                                       ———————
                                                                       34 32
    Frais généraux, 20 %. 6 86
                                                                       ———————
                                                                       41 18
    Bénéfice, 10 %. 4 12
                                                                       ———————
            Total pour 83 mètres superficiels. . . . . 45 f. 30

Soit pour un mètre superficiel. 0 f. 55
La deuxième couche égale toujours au moins, en temps et marchandise,
la première couche, soit. . . . . 0 f. 55

DÉPOLISSAGE DE VERRE AU TAMPON A L'HUILE.

La limite de 5 mètres superficiels fixée par la note n° 205 de la série de 1862 est devenue insuffisante.

Par suite de l'augmentation de la main-d'œuvre, cette limite doit être portée à 8 mètres.

LINÉAIRE.

Les prix des plinthes ont subi une augmentation en rapport avec celle de la main-d'œuvre.

Moulures réchampies en blanc de neige, même observation que pour les plinthes.

Les travaux de filage se font par des décorateurs aux pièces; l'augmentation demandée sur quelques parties de filage est basée sur les prix qu'on paye à ces décorateurs.

BARREAUX.

Pas de réclamation ; mais il conviendrait de supprimer l'énoncé du grattage des barreaux, attendu que, lorsque ce travail s'exécute, il coûte beaucoup plus cher que la peinture qu'on fait dessus.

RÉCHAMPISSAGE ET RECOUPEMENT DE DORURE.

Un ouvrier ne peut exécuter, en moyenne, dans sa journée de dix heures de travail, que 15 mètres superficiels de peinture soignée et unie, sur boiseries ornées de moulures.

Lorsqu'il s'agit de peinture en réchampissage de dorure, il n'en fait pas plus de 5 mètres. Or le prix de cette plus-value doit donc être suffisant pour compenser la différence du temps qu'il passe à ce réchampissage.

Pour déterminer le prix d'un mètre linéaire de réchampissage de dorure, il a été pris une porte de 5 mètres superficiels présentant 88 mètres de rives à réchampir ; il a été passé dix heures à 0 fr. 50 cent. l'une pour exécuter ce travail. . . 5 f. 00

Marchandises (moyenne 85 grammes par mètre), soit $0^k,425$ à 1 fr. 16 c.

le kilogramme, prix réduit. 0 49
                                                                          ——————
                                                                            5 49

Frais généraux (faux frais), 20 °/₀. 1 10
                                                                          ——————
                                                                            6 59

Bénéfice, 10 °/₀. 0 66
                                                                          ——————
Total pour 5 mètres superficiels. . . . . 7 f. 25

Déduire la peinture unie, soit 5 mètres à 0 fr. 57 centimes. 2 85

Il reste pour les 88 mètres linéaires de réchampissage de dorure une

différence de. 4 40

Soit pour 1 mètre linéaire. 0 f. 05

OUVRAGES A LA PIÈCE.

Le prix de nettoyage de bordure de glace est suffisant pour une bordure unie n'ayant qu'un cours d'ornement ; mais, quand il y en a plusieurs, il convient d'ajouter 0 fr. 02 centimes par mètre et par chaque cours ; de même, lorsque des motifs d'ornement sont placés dans les angles ou dans la longueur des cadres, le temps qu'on passe est beaucoup plus long ; 0 fr. 01 cent. devrait être ajouté pour chaque motif à nettoyer.

Tous les travaux de peinture exécutés de continue ou non, dont la valeur ne dépassera pas quatre journées de dix heures de travail, seront payés moitié en plus.

PEINTURE.

SÉRIE DE PRIX.

Les prix de la présente série ne sont établis que pour des travaux d'entretien exécutés dans Paris sur de grandes surfaces, dans des établissements publics , tels qu'*églises* , *hospices* , *casernes, prisons, théâtres, manufactures,* et dans tous les endroits analogues où généralement on voit, par ce qui existe, qu'on n'exige pas que des soins aussi minutieux soient apportés dans les travaux que pour ceux exécutés dans les habitations particulières.

En conséquence, pour les grands travaux neufs, ces prix peuvent subir des rabais ou des augmentations suivant leur nature, leur importance et les époques de payement plus ou moins rapprochées.

Observation générale. — Les prix de règlement se composent 1° des déboursés pour la main-d'œuvre et pour les fournitures; 2° des frais généraux appliqués à ces déboursés; 3° du bénéfice appliqué aux prix de la main-d'œuvre, des fournitures et aux frais généraux.

Pour la peinture, les frais généraux sont fixés à 20 °/₀.
—   le bénéfice à   10 °/₀.

PRIX DE BASE.

	PRIX PROPOSÉS		PRIX DE LA VILLE (1862)		OBSERVATIONS.
	de déboursés.	de règlement.	de déboursés.	de règlement.	

JOURNÉES.

	fr. c.	fr. c.	fr. c.	fr. c.	
Journée de peintre (dix heures de travail). . . .	5 »	6 60	5 »	6 10	
La nuit (huit heures de travail), la nuit sera payée moitié en plus du prix de la journée. . .	7 50	9 90	observation	observation	

MATÉRIAUX.

	de déboursés.	de règlement.	de déboursés.	de règlement.	
Blanc de zinc pur, en poudre. . . . . . le kilog.	» 65	» 75	» 80	» 88	
— broyé, 1ʳᵉ qualité. . . id.	» 90	1 04	1 10	1 21	
— de neige, en poudre. . . . id.	» 90	1 04	1 »	1 10	
— — broyé à l'huile. . . id.	1 20	1 38	1 60	1 76	
— dit d'Espagne, de Bougival, Meudon, Issy, etc., etc., les 1,000 pains . . .	10 »	11 50	9 »	9 90	
Bleu de Prusse, broyé à l'huile. . . . . le kilog.	12 »	13 80	8 »	8 80	
Bronze en poudre, vert, jaune et blanc, le paquet.	1 50	1 73	1 50	1 65	En moyenne.
— cramoisi. . . . . id.	1 75	2 01	2 »	2 20	Idem.
Brun Van Dyck, broyé à l'huile. . . le kilog.	3 20	3 68	3 20	3 52	
Céruse pure, en poudre ou en pain	» 80	» 92	» 90	» 99	
— broyée à l'huile. . . . . . . id.	» 90	1 04	1 30	1 43	
Cire à frotter. . . . . id.	4 80	5 52	6 »	6 60	
— blanche. . . . . id.	6 »	6 90	7 »	7 70	
Colle de peau de lapin. . . . . id.	» 16	» 18	» 16	» 18	
— de pâte. . . . . id.	» 10	» 12	» 10	» 11	
— de parchemin ou double. . . . . id.	» 30	» 35	» 32	» 35	
Eau de cuivre. . . . . le litre.	1 »	1 15	1 »	1 10	En moyenne.
Eau seconde à 14 degrés. . . . . id.	» 40	» 46	» 40	» 44	
Encaustique à l'eau. . . . . id.	» 50	» 58	» 50	» 55	
— à l'essence, à la cire jaune. . . id.	4 80	5 52	4 50	4 95	
Esprit de sel pour nettoyer. . . . . . . le kilog.	» 40	» 46	» 40	» 44	
Essence de térébenthine. . . . . id.	2 40	2 76	1 20	1 32	Cours du 23 décembre 1862.
Goudron liquide. . . . . id.	» 80	» 92	» 80	» 88	
Huile de lin épurée. . . . . id.	1 50	1 73	1 35	1 49	Cours du 23 décembre 1862.
— blanche. . . . . id.	1 70	1 95	1 75	1 93	Idem.
— grasse. . . . . id.	1 80	2 07	1 85	2 04	
— cuite (siccatif). . . . . id.	2 »	2 30	2 »	2 20	
Jaune de chrome pur, en poudre. . . . id.	5 »	5 75	4 50	4 95	
— broyé à l'huile. . . . id.	6 »	6 90	6 »	6 60	
— n° 2 en poudre. . . . . id.	250 à 350	288 à 403	2 40	2 64	Mêl. de plus ou moins de plâtre.
— broyé à l'huile. . . . id.	4 »	4 60	4 »	4 40	Même observation.
Laque surfine. . . . . id.	28 »	32 20	28 »	30 80	
— pour peint. de bâtim., en poudre. id.	» »	» »	6 »	6 60	Mauvaise qualité.
— broyée à l'huile. . . . . id.	» »	» »	9 »	9 90	Idem.
Litharge pure. . . . . id.	» 75	» 86	» 90	» 99	
Mastic ordinaire à l'huile. . . . . . . id.	» 30	» 35	» 30	» 33	
— à l'huile au blanc de céruse ou de zinc, pour enduit. . . . . . . id.	» 72	» 83	» 70	» 77	
— à l'huile au blanc de céruse ou de zinc, pour fond blanc. . . . id.	» 95	1 10	» 95	1 05	
Mine de plomb. . . . . id.	» 80	» 92	» 90	» 99	
Minium en poudre. . . . . id.	» 75	» 86	» 80	» 88	
Noir de fumée. . . . . id.	2 40	2 76	1 60	1 76	
— de charbon n° 1, en poudre. . . id.	» 20	» 23	» 60	» 66	

	PRIX PROPOSÉS		PRIX DE LA VILLE (1862)		OBSERVATIONS.
	de déboursés.	de règlement.	de déboursés.	de règlement.	
	fr. c.	fr. c.	fr. c.	fr. c.	
Noir de charbon n° 1, broyé. . . . . . le kilog.	1 »	1 15	» 80	» 88	
— d'ivoire en poudre. . . . . id.	1 60	2 07	2 20	2 42	
— — broyé. . . . . id.	3 60	4 14	3 10	3 41	
Ocre pour teinter les parquets. . . . . id.	» 20	» 23	» 30	» 33	
— de rue en poudre. . . . . id.	» 80	» 92	» 80	» 88	
— — broyée. . . . . id.	2 40	2 76	1 30	1 43	
— jaune et rouge lavée, en poudre. . id.	» 40	» 46	» 30	» 33	
— — broyée. . . . . . . id.	» 90	1 04	1 10	1 21	
— — non lavée, en poudre. id.	» 25	» 29	» 20	» 22	
— — broyée. . . . . . . id.	» 75	» 86	» 80	» 88	
Oxyde de zinc. . . . . id.	» 50	» 58	» 80	» 88	
Papier de verre. . . . . les 100 f^{lles}.	3 »	3 45	4 50	4 95	
Pierre ponce, en pierre. . . . . le kilog.	» 80	» 92	» 80	» 88	
Siccatif brillant. . . . . id.	2 25	2 59	2 25	2 48	
Stil de grain de Hollande, en poudre. . id.	1 60	1 84	1 80	1 98	
Terre d'ombre et *terre de Sienne*, surfine, broyée. . . . . id.	6 »	6 90	4 »	4 40	
— brûlée, en poudre. . . . . id.	2 40	2 76	3 »	3 30	
Vermillon d'Allemagne en poudre. . . . id.	15 »	17 25	14 »	15 40	
— — broyé à l'huile. . . id.	14 »	16 10	16 »	17 60	
— de France, en poudre. . . . . id.	12 »	13 80	12 »	13 20	
— — broyé à l'huile. . id.	11 »	12 65	14 »	15 40	
— de Chine, en poudre. . . . . id.	20 »	23 »	18 »	19 80	
— — broyé. . . . . . id.	18 »	20 70	22 »	24 20	
Vernis surfin pour décors soignés. . . id.	4 50	5 18	4 50	4 95	
— anglais pour décors soignés. . . id.	8 »	9 20	9 »	9 90	
— blanc surfin . . . . id.	3 75	4 31	3 60	3 96	
— gras, pour décors, n° 1. . . . . id.	4 »	4 60	3 50	3 85	
— — n° 2. . . . . . id.	3 50	4 03	3 »	3 30	
— à l'esprit-de-vin. . . . . le litre.	2 60	2 99	»	»	
Vert métis en poudre. . . . . le kilog.	2 40	2 76	2 25	2 48	
— id. broyé à l'huile. . . . . id.	3 60	4 14	4 »	4 40	
— Milori en poudre. . . . . id.	5 »	5 75	4 50	4 95	
— id. broyé. . . . . id.	6 »	6 90	6 »	6 60	
— anglais en poudre. . . . . . . id.	50 à 200	58 à 230	2 »	2 20	
— id. broyé. . . . . id.	4 60	4 84	2 75	3 03	
Vitriol. . . . . id.	» 60	» 69	» 50	» 55	
Ciment antinitreux de *C*, peinture n°ˢ 1 et 4, pour ton ordinaire, bidon de 5 kilog. . . . . compris le bidon.	10 »	11 50	10 »	11 »	
— — bidon de 12 kilog. . . . . id.	20 »	23 »	20 »	22 »	
— peinture n° 3 pour les décors et ton porcelaine pour les blancs, bidon de 5 kilog. . . . . . . id.	12 »	13 80	12 »	13 20	
— — bidon de 12 kilog. . . . . . id.	24 »	27 60	24 »	26 40	
— enduit n° 2. . . . . le kilog.	» 75	» 86	» 75	» 83	
Peinture et *enduit TB* contre l'humidité, à bases métalliques : Peinture. . . . . id.	» 92	1 06	» 92	1 01	
Enduit. . . . . id.	1 12	1 29	1 12	1 21	

PRIX DE RÈGLEMENT.

Ouvrages au mètre superficiel.

OUVRAGES PRÉPARATOIRES.

	PRIX PROPOSÉS de règlement.	PRIX DE LA VILLE (1862) de règlement.	OBSERVATIONS.
	fr. c.	fr. c.	
Époussetage sur vieux plâtres.	» 025	» 02	
Egrenage, compris époussetage des parties neuves.	» 04	» 03	
Grattage de murs, plafonds et bois unis.	» 13	» 11	
— et lavage de vieux carreaux ou parquets.	» 08	» 07	
— — de carreaux neufs.	» 10	» 09	
— de carreaux de liais et de marbre, les premiers passés au grès, les autres à l'huile.	» 31	» 27	
— et arrachage d'anciens papiers unis	» 13	» 11	
— — — veloutés.	» 31	» 27	
— et brûlage à l'essence d'anciennes peintures à l'huile, compris lessivage sur boiseries ornées ou corniches. . . .	2 50	1 »	
— d'anciennes détrempes vernies sur boiseries avec dégorgement de moulures au petit fer, compris lessivage. . .	» »	» 60	*Observation.* — Il n'y a plus ou fort peu de détrempe vernie à gratter. Ce prix de 60 c. est trop bas; il vaudrait 2 fr., compris le lessivage qui s'y rattache.
— à vif d'anciennes huiles gercées et vernies sur boiseries à moulures avec dégorgement de moulures au petit fer, y compris lessivage.	2 »	2 »	
Lavage à l'eau.	» 05	» 04	
Lessivage pour repeindre et pour conserver.	» 11	» »	
Rebouchage à la colle pour toutes peintures.	» 11	» 09	
— au mastic à l'huile pour repeindre sur peintures ordinaires.	» 16	» 14	
— — soignées. . .	» 23	» 20	
— au mastic à l'huile, teinté en raccord de peintures soignées, compris nettoyage des taches à la ponce broyée : Sur objets ornés de moulures, tels que portes, croisées, faces de volets apparentes, boiseries divisées par panneaux et parties unies, parmi les boiseries ayant moins de 0m,40 de large et 2 mètres de long.	» 25		
sur objets unis parmi les boiseries ayant plus de 0m,40 de large et plus de 2 mètres de long, sur plafonds, corniches, embrasures de portes unies, embrasures de croisées unies, derrières de volets, frises unies et sur toutes peintures ordinaires sur parties ornées de moulures ou non.	» 05		
Ponçage à sec, sur portes, croisées et objets ornés de moulures et parties unies ayant moins de 0m,40 de large et 2 mètres de long.	» 20		
— sur objets unis ayant plus de 0m,40 de large et plus de 2 mètres de long.	» 10		
Nota. — Le ponçage n'est admis que sur impression pour peintures soignées non enduites, et sur anciennes peintures soignées quand on donne plusieurs couches.	observation.		
Le ponçage ne sera admis pour les corniches et plinthes que lorsqu'il aura été demandé par écrit par l'architecte, et il ne sera jamais accordé de ponçage pour les travaux soignés à une couche à un ou à deux tons.	observation.		
— à l'eau sur teinte dure pour peintures imitant les panneaux de voitures : Sur portes, croisées et objets ornés de moulures et parties unies ayant moins de 0m,40 de large et 2 mètres de long.	5 40		
sur parties unies ayant plus de 0m,40 de large et 2 mètres de long.	3 60		

	PRIX PROPOSÉS de règlement.	PRIX DE LA VILLE (1862) de règlement.	OBSERVATIONS.
	fr. c.	fr. c.	

Nota. — Le ponçage à l'eau ou à l'essence sur enduit sera payé moitié du ponçage à l'eau sur teinte dure. . | observation. | | |

Enduits compris ponçage et rebouchage avant de donner une couche sur l'enduit :

Pour peintures soignées sur panneaux et champs, les moulures non enduites.	1 35	1 25	
— pour peintures soignées sur panneaux et champs, les moulures enduites.	2 »	1 75	
— pour peintures soignées sur grandes parties unies, y compris tous panneaux ayant plus de 0ᵐ,40 de large et 2 mètres de long.	1 05	1 »	
— les enduits pour cuisines, couloirs et tous endroits analogues, composés de mastic ordinaire dans lequel il n'entre qu'un cinquième de blanc de zinc ou de céruse, et sur lesquels on ne fait ni ponçage ni révision de rebouchage, valent.	» 50	» »	

OUVRAGES A LA CHAUX.

Badigeon à la chaux et à l'alun, compris égrenage ou léger grattage, une couche.	» 09	» 09	
— — deux couches.	» 13	» 13	

Ces prix s'appliquent même au badigeon fait à la corde à nœuds; toutefois, lorsque ce dernier produira moins de 100 mètres de surface, ces prix sont augmentés de 1/4. | observation. | | |

Nota. — Lorsqu'il sera fait usage d'échafaudages pour peindre à l'huile les façades de maisons, la location en sera à la charge du propriétaire, avec pose et dépose (*Voir* p. 24). | observation. | | |

Lorsqu'il sera placé un gardien pour faire déranger les passants, il sera également à la charge du propriétaire. | observation. | | |

Il ne sera alloué de rebouchage sur les ravalements à l'huile que jusqu'à la hauteur du plancher du 1ᵉʳ étage, à moins d'ordre écrit de l'architecte. | observation. | | |

Echaudage, une couche.	» 06	» 06	
— chaque couche en plus.	» 05	» 05	

OUVRAGES A LA COLLE.

Blanc de plafond à la colle, une couche, dite couche d'encollage. .	» 11	» 11	
— deux couches.	» 17	» »	

Nota. — Lorsque la deuxième couche sera mélangée de blanc de zinc, il sera alloué une plus-value, par mètre superficiel, de. . . . . | » 05 | » 05 | |

Détrempe pour travaux ordinaires, une couche.	» 12	» 12	
— deux couches.	» 19	» »	
— pour travaux soignés et blanc mat, une couche.	» 15	» 15	
— deux couches.	» 24	» »	
— mate pour travaux soignés, plus-value pour chaque couche de teinte où il entre des couleurs fines, telles que vert fixe, vermillon, etc., etc.	» 08	» 08	

	PRIX PROPOSÉS de règlement.	PRIX DE LA VILLE (1862) de règlement.	OBSERVATIONS.
	fr. c.	fr. c.	
Encollage, une couche......................	» 11	» 11	
— deux couches......................	» 22	» »	
Nota. — Deux couches suffisent pour faire de beaux plafonds et de belles peintures en détrempes sur plâtres neufs, et généralement sur de vieux plâtres; une troisième couche ne sera admise qu'autant qu'elle aura été constatée régulièrement.	observation.		
OUVRAGES A L'HUILE.			
Huile bouillante, une couche...................	» 41	» 41	
— deux couches...................	» 72	» 72	
Nota. — Jamais on ne donne trois couches d'huile bouillante; une deuxième couche ne sera payée qu'autant qu'elle aura été constatée régulièrement.	observation.		
Huile pour travaux ordinaires, une couche.........	» 39	» 36	
— — deux couches...........	» 72	» 65	
— — trois couches...........	1 04	» 88	
— pour travaux soignés, une couche.........	» 58	» 43	
— — deux couches.........	1 14	» 77	
— — trois couches, dont une d'impression.	1 53	1 05	
— chaque couche en plus.................	» 56	» 21	
Nota. — Un léger ponçage et une révision de rebouchage au mastic teinté sont compris dans le prix de la troisième couche travaux soignés, ainsi que dans le prix de chacune des couches successives.	observation.		
Lorsque des peintures soignées seront faites sur plâtre et bois neuf, la première couche de ces peintures sera payée comme la première couche des peintures ordinaires	observation.		
Huile au blanc d'argent ou de neige pur, faite avec grand soin, compris léger ponçage et révision de rebouchage au mastic teinté, chaque couche.............	» 59	» 50	
L'emploi du blanc de zinc ne donnera lieu à aucune plus-value.	observation.		
Glacis sur peinture en marbre blanc, ton de chêne, ou pour remettre à neuf d'anciens décors.............	» 40	» 40	
— en couleurs fines, telles que bleu d'outre-mer, laque carminée, etc., etc.	1 »	1 »	
Noir au vernis, une couche.................	» 45	» 45	
— chaque couche en plus.............	» 37	» 37	
Emploi de couleurs fines, pour chaque couche de teinte où il entre des couleurs fines.................	0,10 à 0,30	0,10 à 0,30	
Réchampissage, pour chaque ton en réchampissage.......	» 12	» 09	
Encaustique à l'essence et à la cire, sur bois naturel ou sur peinture en bois de chêne ou marbres clairs, le mètre superficiel.			
— à l'essence et à la cire vierge, sur marbre blanc.	» 50	» 50	
Minium ou oxyde de zinc, plus-value sur les peintures à l'huile, par couche et par mètre.................	» 55	» 55	
	» 06	» 06	

	PRIX PROPOSÉS de règlement.	PRIX DE LA VILLE (1862) de règlement.	OBSERVATIONS.
	fr. c.	fr. c.	
OBSERVATION. — La peinture sur grillage en fer ou laiton sera mesurée comme celle des parties unies, sans plus-value des châssis au pourtour, et évaluée ainsi qu'il suit :			
Le grillage à maille jusqu'à 0.019, à 3 faces pour 2.	observation.		
— de 0.020 à 0.024, à face 1/2.	observation.		
— de 0.025 à 0.029, à 2 faces.	observation.		
— de 0.030 à 0.040, à 1/2 face.	observation.		
— de 0.041 à 0.050, à face.	observation.		
La peinture sur treillage en bois sera mesurée, y compris les faces seulement des poteaux, et évaluée ainsi qu'il suit :			
Les treillages en mailles jusqu'à 0,050 carrés 3 faces pour 2.	observation.		
— de 0.051 à 0.080, à 2 faces 1/2.	observation.		
— de 0.081 à 0.110, à 2 faces.	observation.		
— de 0.111 à 0.150, à face 1/2.	observation.		
— de 0.151 à 0.200, à face.	observation.		
Les treillages à une face seront comptés aux 3/4 des évaluations ci-dessus.	observation.		
Nota. — Les saillies ou épaisseurs des poteaux seront métrées et comptées pour leur surface réelle.	observation.		
VERNIS.			
Vernis gras ou à l'esprit-de-vin, pour décor, n° 1, une couche. . .	» 40	» 40	
— chaque couche en plus.	» 35	» 35	
— gras surfin, une couche.	» 60	» 60	
— — deux couches	1 05	1 05	
— anglais, une couche.	» 80	» 80	
Nota. — Les vernis surfins et anglais ne seront admis que sur un ordre écrit par l'architecte.	observation.		
CIMENT ANTINITREUX.			
Ciment antinitreux de C, n°ˢ 1 et 4, chaque couche.	» 40	» 40	
— n° 3 et ton porcelaine, chaque couche.	» 50	» 50	
— plus-value pour chaque couche, au-dessous de 25 mètres superficiels.	» 10	» 10	
— enduit n° 2, chaque couche.	» 50	» 50	
Peinture TB, contre l'humidité, à bases métalliques, une couche. .	» 32	» 32	
— deux couches.	» 60	» 60	
OUVRAGES DE DÉCORS.			
Coupe de pierre avec frottis sur fond à l'huile, 3 couches :			
— à 1 filet.	1 35	1 35	
— à 2 filets. . . . . : . .	1 45	1 45	
— à 3 filets.	1 55	1 55	

6

	PRIX PROPOSÉS de règlement.	PRIX DE LA VILLE (1862) de règlement.	OBSERVATIONS.
	fr. c.	fr. c.	
Brique sur fond à l'huile, 3 couches avec filets d'appareils et frottis.	2 55	2 55	
Nota. — Lorsqu'il n'aura pas été fait de frottis, il sera diminué des prix ci-dessus.	» 12	» 12	
Granit ordinaire, non compris fonds pour chaque jetée.	» 08	» 08	
— chiqueté, non compris fonds pour chaque ton.	» 40	» 40	
Bronze antique ou cuivre à l'effet, compris ponçage et vernis gras, sur fond à l'huile, une couche.	2 22	» »	
— — deux couches.	2 78	» »	
— — en plein sur mixtion, plus-value par mètre.	1 55	1 55	
Nota. — Il ne sera jamais alloué que deux couches sur objets qui n'ont jamais été peints, et une couche sur objets qui l'ont déjà été, à moins de constat par attachement.	observation.		
Bois et marbres de toutes natures, compris ponçage et vernis gras, sur fond à l'huile, une couche.	2 22		
— deux couches.	2 78		
— trois couches, dont une d'impression. .	3 17		
— Façon de décor, compris vernis gras, une couche. . . .	1 50		
Nota. — Lorsqu'il sera exécuté des décors sur fonds de peintures ordinaires, il ne sera point compté de ponçage; la façon de décor, compris vernis, sera ajoutée aux couches de fonds.			
Il ne sera payé de décor sur trois couches qu'autant que celles-ci seraient constatées par attachement.	observation.		
Lorsqu'il sera donné trois couches pour faire des décors, bronze, bois et marbres, la première sera comptée comme impression et payée comme la première couche des huiles pour travaux ordinaires.	observation.		
Lorsqu'il sera donné plus de trois couches, la quatrième et les suivantes seront comptées chacune comme la deuxième couche des huiles pour travaux soignés.	observation.		
Lorsque les bois ou les marbres de toutes natures auront été exécutés sur ordre exprès, soit par petits panneaux, soit par petits compartiments, il sera alloué, toutes les fois qu'il y aura plus de deux panneaux par mètre superficiel, une plus-value qui sera estimée selon le travail exécuté.	observation.		
Coutil de Bruxelles, sur fond à l'huile, trois couches.	3 13	3 13	

PARQUETS, CARREAUX ET MARCHES MIS EN COULEUR.

Siccatif brillant, une couche.	» 55	» 40	
— deux couches.	1 10	» 75	
Parquets, carreaux et marches à la colle, une couche.	» 08	» 08	
— — deux couches.	» 14	» 14	
— — à l'huile, une couche.	» 30	» 30	
— — — deux couches.	» 50	» 50	
— — mis à l'encaustique, teintés ou non, et frottés.	» 17	» 17	
— — mis à l'encaustique à l'essence et frottés. .	» 45	» 45	

	PRIX PROPOSÉS de règlement.	PRIX DE LA VILLE (1862) de règlement.	OBSERVATIONS.
	fr. c.	fr. c.	
Dépolissage de carreaux au tampon, à l'huile.	1 »	1 »	
Nota. — Pour toute opération de dépolissage exécutée dans un même établissement, sans discontinuité de temps, et produisant dans son ensemble plus de 8 mètres superficiels de dépolissage, le prix qui précède sera diminué de.	» 40	» 40	

OUVRAGES AU MÈTRE LINÉAIRE.

	PRIX PROPOSÉS	PRIX DE LA VILLE	OBSERVATIONS.
Plinthes de 0ᵐ,15 de large au plus, compris lessivage et rebouchage nécessaire à l'huile, une couche.	» 10	» 08	
— chaque couche en plus.	» 07	» 05	
— vernies, glacées ou encaustiquées, en plus.	» 06	» 04	
— en marbre de toutes couleurs, sur fond à l'huile, une couche et vernies.	» 26	» 24	
— chaque couche en plus.	» 07	» 05	
— lessivées et vernies.	» 07	» 06	
(*Voir observations et propositions, page* 13, *pour plinthes en marbre.*)			
Moulures en blanc d'argent, une couche.	» 10	» 10	
— chaque couche en plus.	» 10	» 08	
(*Voir observations et propositions, page* 13.)			
Filets au crayon.	» 04	» 03	
— secs pour joints, à l'huile ou sur papier à l'essence. . . .	» 11	» 09	
— repiqués pour tables, à l'huile.	» 15	» 15	
— repiqués et adoucis, à l'huile, pour épaisseur sur frise, etc.	» 18	» 18	
— formant fausses moulures ombrées avec effet.	» 07	» 07	
— de mixtion, pour dorure.	» 12	» 10	
Galon en filet étrusque, à l'huile, une couche, large.	» 16	» 16	
— — — petit.	» 11	» 11	
Barreaux, jusques et y compris 0ᵐ,14 de développement (au-dessus en surface), compris lessivage, à l'huile, une couche. . .	» 07	» 07	
— chaque couche en plus.	» 05	» 05	
— pour emploi de minium, en plus par couche.	» 01	» 01	
— en noir au vernis, compris couche de fond.	» 15	» 15	
— en brun Van Dyck, bleu, etc., etc., au vernis, compris couche de fond.	» 18	» 18	
— en bronze à l'effet et vernis sur fond à l'huile, une couche.	» 20	» »	Voir observations et propositions, page 14.
— — — deux couches.	» 25	» »	
— en ton amarante, bleu, brun Van Dyck, à l'huile, une couche.	» 09	» 09	
— chaque couche en plus.	» 05	» 05	
Nota. — Lorsque les barreaux seront bronzés en plein sur mixtion, il sera alloué, par mètre, une plus-value de. .	» 10	» 10	
Réchampissage en recoupement de dorure, pour plus-value de peinture exécutée parmi la dorure, à l'huile et à l'eau, par chaque ligne droite et par chaque couche.	» 05	» 03	Voir détails, page 33.

	PRIX PROPOSÉS de règlement.	PRIX DE LA VILLE (1862) de règlement.	OBSERVATIONS.

OUVRAGES A LA PIÈCE.

	fr. c.	fr. c.	
Anglaises de toutes couleurs, en plaques de propreté au vernis. . .	» 15	» 15	
Pièces de ferrures, compris lessivage, en gris, brun, vert, olive, etc., à l'huile, une couche.	» 02	» 02	
— — deux couches.	» 04	» 04	
— — trois couches.	» 05	» 05	
— pour emploi de minium, en plus par couche.	» 004	» 004	
— en noir au vernis, compris couche de fond.	» 05	» 05	
— en bronze à l'effet, trois couches et frottis.	» 10	» 10	
— lessivées et vernies.	» 03	» 03	
Contre-cœur de cheminée à la colle.	» 25	» 25	
— — frotté à la mine de plomb.	» 40	» 40	
Rideaux de cheminée frottés à la mine de plomb.	» 15	» 15	
Nettoyage de chambranle de cheminée à la capucine, compris foyer.	» 22	» 22	
— — à modillons, consoles ou pilastres, compris foyer. . .	» 27	» 27	
— de rétrécissement en faïence, compris cadre en cuivre. .	» 25	» 25	
— de bordure de glace dorée unie, avec un cours d'ornement seulement jusqu'à 0m,15 de large, le mètre linéaire.	» 10	» 10	
— chaque cours d'ornement en plus.	» 02	» 02	
— chaque motif ou coin d'ornement.	» 01	» 01	
Lettres anglaises, romaines, ordinaires, jusqu'à 0.09.	» 05	» 05	
— de 0.10 à 0.15.	» 07	» 07	
— de 0.16 à 0.20.	» 10	» 10	
— de 0.21 à 0.25.	» 13	» 13	
— de 0.26 à 0.30.	» 20	» 20	
— de 0.31 à 0.35.	» 27	« 27	
— de 0.36 à 0.40.	» 33	» 33	
— de 0.41 à 0.45.	» 42	» 42	
— de 0.46 à 0.50.	» 50	» 50	
— de 0.51 à 0.55.	» 55	» 55	
— de 0.56 à 0.60.	» 64	» 64	
— de 0.61 à 0.65.	» 75	» 75	
— genre renaissance, égyptiennes et façon monstre, 1/4 en plus.	observation.		
— ombrées, spaltées, deux couches, 1/2 en plus des prix ci-dessus.	observation.		
— de toutes couleurs, en relief. . . . . le centimètre.	» 03	» 03	
— dorées, jusqu'à 0.15. . . . . id.	» 06	» 06	
— — de 0.16 à 0.31. . . . . id.	» 07	» 07	
— — de 0.32 à 0.48. . . . . id.	» 10	» 10	
— dorées et ombrées (la mesure prise sur l'or), 1/3 en plus des prix ci-dessus, le centimètre.	observation.		
— plus-value pour lettres dorées, façon monstre, 1/3 en plus.	observation.		
— bronzées, ombrées et éclairées. . . . . . le centimètre.	» 02	» 02	
— bronzées, ombrées, éclairées et repiquées. . . id.	» 025	» 025	
— bronzées, ombrées, enlevées d'épaisseur. . id.	» 035	» 035	
OBSERVATION. — Tous les travaux de peinture exécutés de continue ou non, dont la valeur ne dépassera pas quatre journées de dix heures de travail, devront être payés moitié en plus.	observation.		

DORURE.

Les frais généraux portés à 11 °/₀ sont insuffisants, bien que l'or entre pour un chiffre élevé dans la dorure; la main-d'œuvre est considérable et la comptabilité compliquée; ils devraient être portés à 20 °/₀.

La journée des ouvriers doreurs doit être portée à 6 francs pour dix heures de travail.

Les prix de base des travaux préparatoires sont suffisants, mais celui de la dorure proprement dite est trop bon marché.

Le poids de 12 grammes porté à la série est trop faible; il est vrai qu'il est expliqué qu'une augmentation de prix aura lieu par chaque décigramme en plus des 12 grammes; malheureusement, en général, on s'imagine qu'on ne doit fournir que de l'or pesant 12 grammes, d'où il résulte que chacun de son côté pressure le batteur d'or, pour qu'il fabrique de l'or ne pesant que ce poids, ce qui, suivant les fabricants, est impossible.

Nous pensons qu'il serait préférable de porter à 15 grammes, en moyenne, le poids du mille d'or au lieu de 12 grammes, puisqu'il n'est pas possible de faire de bonne dorure avec de l'or à un poids moindre.

Les prix de dorure de la série de la Ville sont trop bas, la maison Augustins ne les accepte dans aucun cas, et la maison Leclaire et Cᶦᵉ, tout en reconnaissant qu'à ces conditions il lui reste à peine 2 à 3 ₒ/°, et que même quelquefois elle ne fait pas ses frais, exécute de la dorure aux prix du tarif de la ville de **Paris**, lorsqu'elle y est forcée, pour continuer de travailler pour une administration ou pour conserver un client auquel elle tient.

Nous ne pouvons nous charger de faire de la dorure et y trouver notre compte qu'aux prix de la série dont nous donnons copie ci-après.

SÉRIE DE PRIX DE DORURE

DE LA

MAISON AUGUSTINS ET DE LA MAISON LECLAIRE et Cⁱᵉ.

———

Le mètre superficiel.

Dorure mate à l'huile sur fond poncé adouci à l'essence, une couche de vernis gomme laque et une couche de mixtion (or fin à 70 fr. le °°/₀₀) soixante-dix francs le mille.

Sur parties unies.	33 f.	00
Sur ornements sans réparage.	40	00

Dorure mate très-soignée.

Sur fonds en détrempe composés de blanc à la colle *tapée*, poncés à l'eau, les carrés refaits aux petits fers, prêlés, jaunis, deux couches de vernis gomme laque et une couche de mixtion.

Sur parties unies.	50	00
Sur ornements sans réparage.	70	00

Dorure brunie, *idem.*

Sur parties unies.	70	00
Sur ornements sans réparage.	90	00

Plus-value d'emploi d'or à 90 fr. le mille.

Sur parties unies.	3	25
Sur ornements.	3	75

Tous les travaux de dorure exécutés de continue ou non, dont la valeur ne dépassera pas quatre journées de dix heures de travail, seront payés moitié en plus.

TENTURE.

Plusieurs espèces de fournitures dont on fait fort peu d'emploi sont indiquées pour la tenture; nous croyons nécessaire de faire observer que nous ne faisons usage que de la toile de 1 mètre de large, de 30 fils par décimètre carré pour la chaîne et de 21 pour le côté du tissage et pesant 50 grammes, en moyenne, par mètre carré; ainsi que du calicot pesant 90 grammes par mètre carré.

Nous ne sachions pas qu'il en soit autrement ailleurs et nous craignons que des renseignements inexacts aient été fournis. Quant à la toile fine dite à plafond, nous ne la connaissons pas, celle dont nous faisons usage suffit partout.

Nos maisons n'emploient de la toile forte que pour les charnières de paravent, car pour charnières d'armoire elle est impropre et ne sert qu'à former des épaisseurs qu'on dissimule difficilement.

Le collage et la fourniture des papiers de préparation sont réunis en un seul prix, selon la nature des papiers fournis; il doit en être ainsi pour simplifier la comptabilité.

Les prix de base sont suffisants et même plusieurs sont trop élevés; mais la façon du collage n'est pas assez payée : il convient donc de l'augmenter conformément à ce qui est indiqué dans nos sous-détails, attendu que les prix dont nous nous servons sont ceux payés aux ouvriers.

Le collage des papiers ne devrait pas avoir lieu au mètre superficiel; néanmoins, si cette disposition doit être maintenue, elle ne devrait être appliquée qu'aux papiers-coutils, unis, mats, satinés ou veloutés et bois de diverses natures ; mais, pour ceux à dessins, la même évaluation ne devrait pas être adoptée, attendu que, suivant les dimensions des dessins, le colleur est entraîné à une perte de temps pour combiner ses raccords et éviter des déchets de papiers considérables.

SOUS-DÉTAILS POUR LES OUVRAGES DE TENTURE.

COLLAGE AU ROULEAU.

	FAÇON payée au COLLEUR, compris colle et accessoires.	MARCHANDISES.	ENSEMBLE.	20 % FRAIS généraux.	ENSEMBLE.	10 % de bénéfice.	TOTAL.	PRIX proposé.
	fr. c.	fr. c.	fr. mill.	fr. mill.	fr. mill.	fr. mill.	fr. mill.	fr. c.
Papiers de préparation, compris façon et fournitures :								
— gris ou rosé.	0 35	0 17	0.520	0.104	0.624	0.062	0.686	0 69
— bulle ordinaire.	0 35	0 20	0.550	0.110	0.660	0.066	0.726	0 73
— pâte bleue.	0 35	0 18	0.530	0.106	0.636	0.064	0.700	0 70
— blanc ordinaire.	0 40	0 22	0.620	0.124	0.744	0.074	0.818	0 82
— plus-value pour collage dans les casiers, rayons ou armoires.	0 10	»	0.100	0.020	0.120	0.012	0.132	0 13
— plus-value de collage en plafond.	0 10	»	0.100	0.020	0.120	0.012	0.132	0 13
Collage de papiers, mat commun à dessins et coutils.	0 40	»	0.400	0.080	0.480	0.048	0.528	0 53
— satiné ou glacé.	0 45	»	0.450	0.090	0.540	0.054	0.594	0 59
— uni mat ou uni glacé.	0 50	»	0.500	0.100	0.600	0.060	0.660	0 66
— bois par planches et par panneaux ou marbre par assises.	0 50	»	0.500	0.100	0.600	0.060	0.660	0 66
— velouté ou doré sur fond mat glacé ou verni.	0 60	»	0.600	0.120	0.720	0.072	0.792	0 79
— velouté en plein une ou plusieurs laines, collé à joints vifs, compris bandes sous les joints.	1 »	»	1.000	0.200	1.200	0.120	1.320	1 32
Plus-value de papiers sur grand raisin en raison de la plus grande largeur et proportionnellement au prix du rouleau.	»	»	»	»	»	»	»	»
— pour collage en plafonds de papiers mats ordinaires, satinés, unis, vernis, glacés.	0 10	»	0.100	0.020	0.120	0.012	0.132	0 13
— veloutés.	0 25	»	0.250	0.050	0.300	0.030	0.330	0 33
— pour collage dans les casiers, armoires garnies de tablettes, 1/4 en plus des prix ci-dessus.	»	»	»	»	»	»	»	»

OUVRAGES AU MÈTRE SUPERFICIEL.

	FAÇON payée au COLLEUR, compris colle et accessoires.	MARCHANDISES.	ENSEMBLE.	20 % FRAIS généraux.	ENSEMBLE.	10 % de bénéfice.	TOTAL.	PRIX proposé.
Collage soigné de papier velouté plein et blanc, mat ou glacé, par grandes parties d'un seul morceau.	0 35	»	0.350	0.070	0.420	0.042	0.462	0 46
Toile neuve fournie et tendue.	0 16	0 19	0.350	0.070	0.420	0.042	0.462	0 46
— vieille détendue, retendue, recousue et re-clouée.	0 13	»	0.130	0.026	0.156	0.016	0.172	0 17
— posée en plafond, plus-value sur les prix ci-dessus.	0 10	»	0.100	0.020	0.120	0.012	0.132	0 13
— vieille comme la précédente pour façon seulement, détendue et retendue.	0 20	»	0.200	0.040	0.240	0.024	0.264	0 26
— posée en plafond, plus-value sur les prix ci-dessus.	0 10	»	0.100	0.020	0.120	0.012	0.132	0 13
Calicot écru, fourni, tendu et cloué.	0 19	0 57	0.760	0.152	0.912	0.091	1.003	1 »
— fourni, cloué et tendu sur plafond.	0 30	0 57	0.870	0.174	1.044	0.104	1.148	1 15
— fourni, collé, cloué et marouflé en plein à l'aide d'un encollage épais.	0 22	0 57	0.790	0.158	0.948	0.095	1.043	1 05
— — sur plafond.	0 33	0 57	0.900	0.180	1.080	0.108	1.188	1 20
— fourni, collé, cloué et marouflé en plein à l'huile.	0 25	0 57+0 39	1.210	0.242	1.452	0.145	1.597	1 60
— — mais sur plafond.	0 39	0 96	1.350	0.270	1.620	0.162	1.782	1 80
— non fourni (déduire les fournitures sur les articles précédents).	»	0 57	0.570	0.114	0.684	0.068	0.752	0 75

OUVRAGES AU METRE LINÉAIRE.

	FAÇON payée au COLLEUR, compris colle et accessoires.	MARCHANDISES.	ENSEMBLE.	20 % FRAIS généraux.	ENSEMBLE.	10 % de bénéfice.	TOTAL.	PRIX proposé.
	fr. c.	fr. c.	fr. mill.	fr. mill.	fr. mill.	fr. mill.	fr. mill.	fr. c.
Marouflage et bordage de toile neuve ou vieille. ...	0 03	0 01	0.040	0.008	0.068	0.005	0.050	0 05
Bandes de calicot de 0,10 de large, fournies et collées à la colle sur plafond.	0 06	0 06	0.120	0.024	0.144	0.014	0.158	0 16
— de calicot *idem*, collées à l'huile sur plafond.	0 12	0 08	0.200	0.040	0.240	0.024	0.264	0 26
— de toile forte de 0,10 de large pour former charnière de paravent, fournies, collées et clouées.	0 04	0 14	0.180	0.036	0.216	0.022	0.238	0 24
— de calicot pour former charnière d'armoire, fournies, collées et clouées.	0 04	0 07	0.110	0.022	0.132	0.013	0.145	0 15
— à l'eau à l'anglaise, collées sur huisseries et bâtis.	0 03	0 01	0.040	0.008	0.048	0.005	0.053	0 05
— en zinc de 0,04 de large, fournies et clouées.	0 12	0 14	0.260	0.052	0.312	0.031	0.343	0 35
— en tôle fixées avec vis à garnir.	0 24	0 21	0.450	0.045	0.495	0.030	0.545	0 55
— en zinc ou tôle vieux, pour dépose, repose, redressage et reclouage.	0 10	»	0.100	0.020	0.120	0.012	0.132	0 13
— bouillet en zinc, n° 9, de 0,05 développé à T, clouées en feuillures.	0 25	0 25	0.500	0.100	0.600	0.060	0.660	0 66
Baguettes en sapin pour pose et ajustement.	0 11	»	0.110	0.022	0.132	0.013	0.145	0 15
— dépose avec soin, devant être employées.	0 03	»	0.030	0.006	0.036	0.004	0.040	0 04
— imitation d'ébénisterie pour pose et ajustement.	0 16	»	0.160	0.032	0.198	0.020	0.218	0 22
— pour dépose avec soin et ajustement.	0 04	»	0.040	0.008	0.048	0.005	0.053	0 05
— dorées pour pose et ajustement.	0 16	»	0.160	0.032	0.198	0.020	0.218	0 22
— pour dépose avec soin et ajustement.	0 04	»	0.040	0.008	0.048	0.005	0.053	0 05
Collage de bordure, filets ou champs, en papier mat ou satiné.	0 02	»	0.020	0.004	0.024	0.002	0.026	0 03
— en papier velouté ou doré.	0 04	»	0.040	0.008	0.048	0.005	0.053	0 05
— plus-value de collage de bordure, découpée d'un côté.	0 01	»	0.010	0.002	0.012	0.001	0.013	0 015
— découpée des deux côtés.	0 02	»	0.020	0.004	0.024	0.002	0.026	0 03
— plus-value sur ces deux prix pour collage de bordure découpée à jour.	0 02	»	0.020	0.004	0.024	0.002	0.026	0 03
— pour pose de champs avec coupe d'onglet et tracé par panneaux.	0 02	»	0.020	0.004	0.024	0.002	0.026	0 03
— pour pose sur plafond sur tous articles ci-dessus.	0 01	»	0.010	0.002	0.012	0.001	0.013	0 015
Collage de papier ou bordure sur baguettes en papier mat, uni satiné ou verni, prix moyens.	0 05	»	0.050	0.010	0.060	0.006	0.066	0 07
— — en papier velouté.	0 07	»	0.070	0.014	0.084	0.008	0.092	0 09
Découpage de bordure, galerie, torsade ou crête d'un côté.«	0 03	»	0.030	0.006	0.036	0.004	0.040	0 04
— — des deux côtés.	0 06	»	0.060	0.012	0.072	0.007	0.079	0 08
— — de fleurs d'un côté.	0 04	»	0.040	0.008	0.048	0.005	0.053	0 05
— — des deux côtés.	0 08	»	0.080	0.016	0.096	0.010	0.106	0 10
— — découpées à jour en plus-value.	0 04	»	0.040	0.008	0.048	0.005	0.053	0 05

TENTURE.

SÉRIE DE PRIX.

OBSERVATION GÉNÉRALE. — Les prix de règlement se composent 1° des déboursés pour la main-d'œuvre et pour les fournitures ; 2° des frais généraux appliqués à ces déboursés ; 3° du bénéfice appliqué aux prix de la main-d'œuvre, des fournitures et aux frais généraux.

Pour la tenture, les frais généraux sont fixés à 20 °/₀.
— le bénéfice est fixé à 10 °/₀.

PRIX DE BASE.	PRIX PROPOSÉS		PRIX DE LA VILLE (1862)	
	de déboursés.	de règlement.	de déboursés.	de règlement.
JOURNÉES.	fr. c.	fr. c.	fr. c.	fr. c.
Journée de colleur (dix heures de travail).................	5 »	6 60	5 »	6 10
La nuit (huit heures de travail) sera payée moitié en plus du prix de la journée...............................	7 50	9 90	observation.	
FOURNITURES DIVERSES.				
Bandes en zinc n° 10, de 0m,40 de large, le mètre linéaire.........	» 14	» 16	» 21	» 23
— — n° 9, à T (Bouillet), de 0m,05 développées.........	» 25	» 29	» 25	» 28
en tôle, de 0m,30 à 0m,40 de large.	» 21	» 24	» 21	» 23
Calicot (écru) de 0m,86 de large, le mètre superficiel......	» 57	» 66	» 60	» 66
Étain........................ le rouleau.	4 60	5 29	5 50	6 05
Papier de préparation (bonne qualité), prix moyen, bis, gris ou rosé, la balle de 100 rouleaux.	17 »	19 55	20 »	22 »
— bulle ordinaire.............. id.	20 »	23 »	23 »	25 30
— bleu................... id.	18 »	20 70	24 »	26 40
— blanc ordinaire.............. id.	22 »	25 30	33 »	36 30
Pointes galvanisées, à zinc.................. le kilog.	1 80	2 07	1 45	1 60
Semences à toile.. id.	1 »	1 15	1 60	1 76
Toile, première qualité, pour tenture, de 1m,00 de large........	» 19	» 22	» 22	» 24
— à charnières.	1 25	1 44	1 25	1 38
— forte serrée de Flandre ou de Bretagne, dite à décoration...	»	»	1 80	1 98

	PRIX PROPOSÉS de règlement.	PRIX DE LA VILLE (1862) de règlement.	
PRIX DE RÈGLEMENT.			**OBSERVATIONS.**
OUVRAGES AU ROULEAU.			
	fr. c.	fr. c.	
Papier de préparation, compris façon et fourniture :			
— gris ou rosé fourni et collé. . . . . le rouleau.	» 69	» 55	
— bulle ordinaire. . . . . id.	» 73	» 58	
— pâte bleue. . . . . id.	» 70	» 59	
— blanc ordinaire. . . . . id.	» 82	» 69	
— plus-value pour collage dans les casiers rayons ou armoires. . . . . id.	» 13	» 14	
— plus-value pour collage en plafond. . . . . id.	» 13	» 08	
Collage de papier sur carré mat commun à dessin et			
— coutil. . . . . id.	» 53	» 43	
— satiné ou glacé. . . . . id.	» 59	» 52	
— uni mat ou uni glacé. . . . . id.	» 72	» 65	
— bois par planches et par panneaux ou marbres par assises. . . . . id.	» 72	» 60	
— velouté ou doré sur fond mat glacé ou verni. id.	» 79	» 72	
— velouté en plein, une ou plusieurs laines, collé à joints vifs, compris bandes sous joints. . id.	1 32	1 30	
Plus-value pour collage de papier sur grand raisin, en raison de la plus grande largeur proportionnellement aux prix des papiers. . . . . id.	observation.		
— pour collage en plafond papiers mats ordinaires. id.	» 13	» 13	
— pour collage de papiers satinés, unis, vernis, glacés ou veloutés. . . . . id.	» 33	» 17	
— pour collage de papiers dans les casiers et armoires garnis de tablettes, 1/4 en plus.	observation.		
OUVRAGES AU MÈTRE SUPERFICIEL.			
Collage soigné de papier velouté plein et blanc mat ou glacé par grandes parties d'un seul morceau faites exprès, le mètre superficiel.	» 46	» 60	
Papier-étain fourni, collé à l'huile sur une couche d'impression à l'huile, y compris un encollage avant la tenture, le mètre superficiel.	3 »	3 »	
Toile neuve fournie et tendue.	» 46	» 60	
— vieille, détendue, retendue, recousue, reclouée. . . .	» 17	» 25	
— posée en plafond, plus-value sur les deux prix précédents.	» 13	» 05	
— neuve de Bretagne ou de Flandre serrée dite à décoration, pour peindre dessus sans papier, fournie, tendue avec toutes préparations.	» »	2 75	
— vieille comme la précédente pour façon seulement, détendue, retendue, etc., etc.	» 26	» 50	
— posée en plafond, plus-value sur les deux prix précédents.	» 13	» 10	
Calicot écru, fourni, tendu et cloué.	1 »	» 90	
— *idem* au précédent, mais collé sur plafond.	1 15	1 »	
— fourni, collé, cloué et maroufié en plein à la colle de peau à l'aide d'un encollage épais.	1 05	1 10	
— *idem* au précédent, mais sur plafond.	1 20	1 35	
— fourni, collé, cloué et maroufié en plein à l'huile.	1 60	1 50	
— *idem* au précédent, mais sur plafond.	1 80	1 75	
— non fourni, moins-value sur tous les prix ci-dessus. . . .	» 75	» 70	

	PRIX PROPOSÉS de règlement	PRIX DE LA VILLE (1862) de règlement.	OBSERVATIONS.

OUVRAGES AU MÈTRE LINÉAIRE.

	fr. c.	fr. c.	
Marouflage et bordage de toile neuve ou vieille.	» 05	» »	
Bandes de calicot de 0ᵐ,10 de large, fournies et collées à la colle sur plafond.	» 16	» 20	
— de calicot de 0ᵐ,10 de large, collées à l'huile sur plafond.	» 26	» 25	
— de toile forte de 0ᵐ,10 de large, pour former charnières, fournies, collées et clouées.	» 24	» 30	
— de calicot de 0ᵐ,10 de large, pour former charnières, fournies, collées et clouées.	» 15	» 15	
— à l'eau à l'anglaise collées sur huisserie et bâtis.	» 05	» 06	
— en zinc de 0ᵐ,040 de large, fournies, clouées avec clous galvanisés.	» 34	» 40	
— en tôle, de 0ᵐ,030 à 0ᵐ,040, fixées avec vis à garnir.	» 55	» 45	
— en zinc ou tôle vieux, pour dépose, repose, redressage et clouage neuf.	» 13	» 20	
— (Bouillet) en zinc, nᵒ 9, de 0ᵐ,05, développées, à T, clouées en feuillures.	» 66	» 50	
Baguettes, pose et ajustement des baguettes en sapin.	» 15	» 10	
— dépose avec soin, devant être remployées.	» 04	» 03	
— pose et ajustement de baguettes, imitation d'ébénisterie.	» 22	» 15	
— dépose avec soin, devant être remployées.	» 05	» 06	
— pose et ajustement de baguettes dorées.	» 22	» 20	
— dépose avec soin, devant être remployées.	» 05	» 08	
Fourniture des baguettes. Les formes d'architecture des baguettes sont variées, leur prix, par conséquent, est difficile à déterminer; pour bien en apprécier la valeur, il faudrait que les profils fussent indiqués.	observation.		
Collage de bordure, filet ou champs, en papier mat ou satiné.	» 03	» 03	
— en papier velouté ou doré.	» 05	» 05	
Plus-value de collage de bordure découpée d'un côté.	» 015	» 01	
— découpée des deux côtés.	» 03	» 02	
— sur les prix ci-dessus pour collage de bordure découpée à jour.	» 03	» 01	
— pour pose de champs avec coupes d'onglet et tracé par panneaux.	» 03	» 02	
— pour pose en plafond sur les prix ci-dessus.	» 015	» 01	
Collage de papier ou bordure sur baguette, en papier mat uni, satiné ou verni, prix moyen.	» 07	» 05	
— *idem* au précédent, en papier velouté.	» 09	» 08	
Découpage de bordure, galerie, torsade ou crête d'un côté.	» 04	» 04	
— des deux côtés.	» 08	» 08	
— de fleurs d'un côté.	» 05	» 07	
— des deux côtés.	» 10	» 14	
— découpées à jour en plus-value.	» 05	» 02	
Les ouvrages non compris dans la présente série seront estimés par analogie avec les prix des ouvrages auxquels ils auront le plus de rapport.	observation.		
OBSERVATION.—Tous les travaux de tenture exécutés de continue ou non, dont la valeur ne dépassera pas quatre journées de dix heures de travail, seront payés moitié en plus.	observation.		

VITRERIE.

Nous avons signalé qu'en général les prix de la vitrerie étaient trop élevés ; malheureusement nous sommes obligés de ne point proposer une réduction de prix aussi considérable qu'il serait possible de le faire, attendu qu'il faut encore ménager les intérêts des entrepreneurs jusqu'à ce qu'ils soient affranchis de la concurrence des marchands de verres.

L'existence de ces derniers, par le fait qu'ils se sont mis à faire de la vitrerie, ne sera maintenant qu'éphémère ; ce n'est plus qu'une affaire de temps pour qu'ils deviennent nos confrères ou les représentants des verriers.

Les prix des matériaux et fournitures diverses sont ceux du cours actuel dans le commerce ; même observation qu'aux prix de base de la peinture pour les bénéfices à prélever selon le cas de la livraison.

Une nouvelle mesure du commerce pour le verre dit à couper ayant été créée, nous l'indiquons à sa place (0.69 × 0.66).

SOUS-DÉTAILS DES PRIX DES VERRES DANS LES DOUZE MESURES DU COMMERCE.

OBSERVATION. — Un ouvrier faisant de la vitrerie en entretien peut ne poser que quatre carreaux dans sa journée, comme il peut en poser dix et même vingt ; il en est exactement de même pour la vitrerie en travaux neufs en petite quantité : or, pour rester dans le vrai chaque fois qu'il serait fait de la vitrerie en travaux neufs, dont la quantité ne dépassera pas 8 mètres superficiels, exécutée de continue ou non, elle devra être comptée et payée comme la vitrerie en entretien.

NOTA. Une caisse de verre de 60 feuilles produit une surface de 27 mètres superficiels ; les prix de base n'ont été calculés que sur 24 mètres, ce qui suppose un déchet de 3 mètres superficiels ou 7 feuilles par caisse pour casse, fausses coupes, etc., etc.

	PRIX DE VITRERIE		RABAIS p. % produit sur la série.
	proposés.	de la série (1862).	
	fr. c.	fr. c.	fr. c.

Verre simple, quatrième choix, fourni et posé sur portes, croisées et châssis verticaux.
En travaux neufs en surface, au-dessus de 8 mètres superficiels.

Prix du verre, le mètre superficiel. . . . . 1 fr. 75 c.
Pose du verre, le mètre superficiel, compris mastic. . . . . » 75
           2 50
Frais généraux, 10 %. . . . . » 25
           2 75
Bénéfice, 10 %. 0 28
          Prix. . . . . 3 fr. 03 c. . .

3 05	4 »	23 75

Verre simple, quatrième choix, fourni et posé sur portes, croisées et châssis verticaux, en entretien et en travaux neufs en petites parties jusqu'à 8 mètres de surface.
Prix du verre, le mètre superficiel. . . . . 1 fr. 75 c.
Pose du verre, le mètre superficiel, compris mastic. 1 50
           3 25
Frais généraux, 10 %. . . . . » 33
           3 58
Bénéfice, 15 %. » 54
          Prix. . . . . 4 fr. 12 c. . .

4 10	4 65	11 62

Verre simple, quatrième choix, fourni et posé sur lanternes en fer ou en bois et châssis de comble, les verres scellés à bain de mastic et recoupés en dessous. Travaux neufs en surface au-dessus de 8,00.
Prix du verre, le mètre superficiel. . . . . 1 fr. 75 c.
Pose du verre, le mètre superficiel, compris mastic. 1 50
           3 25
Frais généraux, 10 %. . . . . » 33
           3 58
Bénéfice, 10 %. » 36
          Prix. . . . . 3 fr. 94 c. . .

3 95	5 65	30 05

Verre simple, quatrième choix, fourni et posé sur lanternes en fer ou en bois et châssis de comble, les verres scellés à bain de mastic et recoupés en dessous. En entretien et en travaux neufs en petites parties jusqu'à 8,00 de surface.
Prix du verre, le mètre superficiel. . . . . 1 fr. 75 c.
Pose du verre, le mètre superficiel, compris mastic. . . . . 3 »
           4 75
Frais généraux, 10 %. . . . . » 48
           5 23
Bénéfice, 15 %. » 78
          Prix. . . . . 6 fr. 01 c. . .

6 »	6 30	4 76

	PRIX DE VITRERIE		RABAIS p. %. produit sur la série.
	proposés.	de la série (1862).	
	fr. c.	fr. c.	fr. c.

Verre simple, troisième choix, fourni et posé sur portes, croisées et châssis verticaux.
En travaux neufs en surface au-dessus de 8,00 superficiels.

Prix du verre, le mètre superficiel.	2 fr.	» c.
Pose du verre, le mètre superficiel, compris mastic. . . .	»	75
	2	75
Frais généraux, 10 %.	»	28
	3	03
Bénéfice, 10 %.	»	30

Prix. . . . . 3 fr. 33 c. . . | 3 35 | 4 35 | 23 »

Verre simple, troisième choix, fourni et posé sur portes, croisées et châssis verticaux.
En entretien et en travaux neufs jusqu'à 8,00 superficiels.

Prix du verre, le mètre superficiel.	2 fr.	» c.
Pose du verre, le mètre superficiel, compris mastic. . . .	1	50
	3	50
Frais généraux, 10 %.	»	35
	3	85
Bénéfice, 15 %.	»	58

4 fr. 43 c. | 4 45 | 5 » | 11 »

Verre simple, troisième choix fourni et posé sur lanternes et châssis de comble, les verres scellés à bain de mastic et recoupés en dessous.
En travaux neufs en surface au-dessus de 8,00 superficiels.

Prix du verre, le mètre superficiel.	2 fr.	» c.
Pose du verre, le mètre superficiel, compris mastic. . . .	1	50
	3	50
Frais généraux, 10 %.	»	35
	3	85
Bénéfice, 10 %.	»	39

Prix. . . . . 4 fr. 24 c. . . | 4 25 | 6 » | 29 16

Verre simple, troisième choix, fourni et posé sur lanternes en fer et châssis de comble, les verres scellés à bain de mastic et recoupés en dessous.
En entretien et en travaux neufs jusqu'à 8,00 superficiels.

Prix du verre, le mètre superficiel.	2 fr.	» c.
Pose du verre, le mètre superficiel, compris mastic. . . .	3	»
	5	»
Frais généraux, 10 %.	»	50
	5	50
Bénéfice, 15 %.	»	83

Prix du mètre. . . . . 6 fr. 33 c. . . | 6 35 | 6 65 | 4 51

	PRIX DE VITRERIE		RABAIS p. % produit sur la série.
	proposés.	de la série (1862).	
	fr. c.	fr. c.	fr. c.

Verre simple, *deuxième choix*, fourni et posé sur croisées, portes et châssis verticaux.
En travaux neufs en surface de 8,00 superficiels.

Prix du verre, le mètre superficiel. . . . . 2 fr. 50 c.
Pose du verre, le mètre superficiel, compris mastic. . . . » 75
                                                             3 25
Frais généraux, 10 %. . . . . » 33
                                                         3 58
Bénéfice, 10 .° . . . . » 36
                   Prix du mètre. . . . . 3 fr. 94 c. . . . 3 95 | 4 85 | 16 50

Verre simple, *deuxième choix*, fourni et posé sur croisées, portes et châssis verticaux.
En entretien et en travaux neufs en petites parties jusqu'à 8,00 superficiels.

Prix du verre, le mètre superficiel. . . . . 2 fr. 50 c.
Pose du verre, le mètre superficiel, compris mastic. . . . 1 50
                                                             4 »
Frais généraux, 10 .° . . . . » 40
                                                         4 40
Bénéfice, 15 .° . . . . » 66
                   Prix du mètre. . . . . 5 fr. 06 c. . . . 5 05 | 5 50 | 8 18

Verre simple, *deuxième choix*, fourni et posé sur lanternes en fer et châssis de comble, les verres scellés à bain de mastic et recoupés en dessous.
En travaux neufs en surface au-dessus de 8,00 superficiels.

Prix du verre, le mètre superficiel. . . . . 2 fr. 50 c.
Pose du verre, le mètre superficiel, compris mastic. . . . 1 50
                                                             4 »
Frais généraux, 10 %. . . . . » 40
                                                         4 40
Bénéfice, 10 %. . . . . » 44
                   Prix du mètre. . . . . 4 fr. 84 c. . . . 4 85 | 6 50 | 25 40

Verre simple *deuxième choix*, fourni et posé sur lanternes en fer et châssis de comble, les verres scellés à bain de mastic et recoupés en dessous.
En entretien et en surface au-dessous de 8,00 superficiels.

Prix du verre, le mètre superficiel. . . . . 2 fr. 50 c.
Pose du verre, le mètre superficiel, compris mastic. . . . 3 »
                                                             5 50
Frais généraux, 10 %. . . . . » 55
                                                         6 05
Bénéfice, 15 %. . . . . » 91
                   Prix du mètre. . . . . 6 fr. 96 c. . . . 6 95 | 7 15 | 4 39

PRIX DE VITRERIE		RABAIS p. % produit sur la série.
proposés.	de la série (1862).	
fr. c.	fr. c.	fr. c.

Verre demi-double, quatrième choix, fourni et posé sur croisées, portes et châssis verticaux.

En travaux neufs en surface au-dessus de 8,00 superficiels.

Prix du verre, le mètre superficiel. . . . . 2 fr. 63 c.
Pose du verre, le mètre superficiel, compris mastic. . . . » 75

3 38
Frais généraux, 10 %. . . . . » 34

3 72
Bénéfice, 10 %. » 37

Prix du mètre. . . . . 4 fr. 10 c. . . . 4 10 | » | »

Verre demi-double, 4ᵉ choix, fourni et posé sur croisées, portes et châssis verticaux.

En entretien et en travaux neufs jusqu'à 8,00 superficiels.

Prix du verre, le mètre superficiel. . . . . 2 fr. 63 c.
Pose du verre, le mètre superficiel, compris mastic. . . . 1 50

4 13
Frais généraux, 10 %. . . . . » 41

4 54
Bénéfice, 15 %. » 68

Prix du mètre. . . . . 5 fr. 22 c. . . . 5 20 | » | »

Verre demi-double, quatrième choix, fourni et posé sur lanternes en fer ou en bois et châssis de comble, les verres scellés à bain de mastic et recoupés en dessous.

En travaux neufs en surface au-dessus de 8,00 superficiels.

Prix du verre, le mètre superficiel. . . . . 2 fr. 63 c.
Pose du verre, le mètre superficiel, compris mastic. 1 50

4 13
Frais généraux, 10 %. . . . . » 41

4 54
Bénéfice, 10 %. » 45

Prix du mètre. . . . . . . 4 fr. 99 c. . . . 5 | » | »

Verre demi-double, quatrième choix, fourni et posé sur lanternes en fer et en bois et châssis de comble.

En entretien et en travaux neufs jusqu'à 8,00 superficiels.

Prix du verre, le mètre superficiel. . . . . 2 fr. 63 c.
Pose du verre, le mètre superficiel, compris mastic. . . . . 3 »

5 63
Frais généraux, 10 %. . . . . » 56

6 19
Bénéfice, 15 %. » 93

Prix du mètre. . . . . 7 fr. 12 c. . . . 7 10 | » | »

8

	PRIX DE VITRERIE		RABAIS p. %/0 produit sur la série.
	proposés.	de la série (1862).	
	fr. c.	fr. c.	fr. c.

Verre demi-double, troisième choix, fourni et posé sur croisées, portes et châssis verticaux.

En surface en travaux neufs au-dessus de 8,00 superficiels.

Prix du verre, le mètre superficiel.	3 fr.	» c.
Pose du verre, le mètre superficiel, compris mastic.	»	75
	3	75
Frais généraux, 10 %.	»	38
	4	13
Bénéfice, 10 %.	»	41
Prix du mètre. . . . . . 4 fr. 54 c.		

Prix du mètre : 4 55 | 5 85 | 22 23

Verre demi-double, troisième choix, fourni et posé sur croisées, portes et châssis verticaux.

En entretien et en surface au-dessus de 8,00 superficiels.

Prix du verre, le mètre superficiel.	3 fr.	» c.
Pose, le mètre superficiel, compris mastic.	1	50
	4	50
Frais généraux, 10 %.	»	45
	4	95
Bénéfice, 15 %.	»	74
Prix du mètre. . . . . . 5 fr. 69 c. . .		

Prix du mètre : 5 70 | 6 60 | 13 64

Verre demi-double, troisième choix, fourni et posé sur lanternes en fer et en bois et sur châssis de comble.

En travaux neufs au-dessus de 8,00 superficiels.

Prix du verre, le mètre superficiel.	3 fr.	» c.
Pose du verre, le mètre superficiel, compris mastic. . . .	1	50
	4	50
Frais généraux, 10 %.	»	45
	4	95
Bénéfice, 10 %.	»	50
Prix du mètre. . . . . . 5 fr. 45 c. . .		

Prix du mètre : 5 45 | 7 65 | 28 75

Verre demi-double, troisième choix, fourni et posé sur lanternes en fer ou en bois et châssis de comble.

En entretien et en travaux neufs jusqu'à 8,00 superficiels.

Prix du verre, le mètre superficiel.	3 fr.	» c.
Pose du verre, le mètre superficiel, compris mastic. . . .	3	»
	6	»
Frais généraux, 10 %.	»	60
	6	60
Bénéfice, 15 %.	»	99
Prix du mètre. . . . . . 7 fr. 59 c. . .		

Prix du mètre : 7 60 | 8 40 | 9 52

	PRIX DE VITRERIE		RABAIS p. % produit sur la série.
	proposés.	de la série (1862).	
	fr. c.	fr. c.	fr. c.

Verre demi-double, deuxième choix, fourni et posé sur croisées, portes et châssis verticaux.

En travaux neufs au-dessus de 8,00 superficiels.

Prix du verre, le mètre superficiel.	3 fr. 75 c.	
Pose du verre, le mètre superficiel, compris mastic.	» 75	
	4 50	
Frais généraux, 10 %.	» 45	
	4 95	
Bénéfice, 10 %.	» 50	
Prix du mètre.	5 fr. 45 c. . .	5 45	6 65	18 04

Verre demi-double, deuxième choix, fourni et posé sur croisées, portes et châssis verticaux.

En entretien et en travaux neufs jusqu'à 8,00 superficiels.

Prix du verre, le mètre superficiel.	3 fr. 75 c.	
Pose du verre, le mètre superficiel, compris mastic.	1 50	
	5 25	
Frais généraux, 10 %.	» 53	
	5 78	
Bénéfice, 15 %.	» 87	
Prix du mètre.	6 fr. 65 c. . .	6 65	7 40	10 13

Verre demi-double, deuxième choix, fourni et posé sur lanternes en fer ou en bois et châssis de comble, les verres scellés à bain de mastic et recoupés en dessous.

En travaux neufs au-dessus de 8,00 superficiels.

Prix du verre, le mètre superficiel.	3 fr. 75 c.	
Pose du verre, le mètre superficiel, compris mastic. . . .	1 50	
	5 25	
Frais généraux, 10 %.	» 53	
	5 78	
Bénéfice, 10 %.	» 58	
Prix du mètre.	6 fr. 36 c. . .	6 35	8 45	24 85

Verre demi-double, deuxième choix, fourni et posé sur lanternes en fer ou en bois et châssis de comble.

En entretien et en surface au-dessous de 8,00 superficiels.

Prix du verre, le mètre superficiel.	3 fr. 75 c.	
Pose du verre, le mètre superficiel, compris mastic.	3 »	
	6 75	
Frais généraux, 10 %.	» 68	
	7 43	
Bénéfice, 15 %.	1 11	
Prix du mètre.	8 fr. 54 c. . .	8 55	9 20	7 06

	PRIX DE VITRERIE		RABAIS p. % produit sur la série.
	proposés.	sur la série (1862).	
	fr. c.	fr. c.	fr. c.

Verre double, quatrième choix, fourni et posé sur croisées, portes et châssis verticaux.
En travaux neufs au-dessus de 8,00 superficiels.

Prix du verre, le mètre superficiel. . . . . 3 fr. 50 c.
Pose du verre, le mètre superficiel, compris mastic. . . . » 75

4 fr. 25
Frais généraux, 10 %. . . . . » 43

4 68
Bénéfice, 10 %. . . . . » 47

Prix du mètre. . . . . . . 5 fr. 15 c. . . . 5 15

Verre double, quatrième choix, fourni et posé sur croisées, portes et châssis verticaux.
En entretien et en travaux neufs au-dessous de 8,00 superficiels.

Prix du verre, le mètre superficiel. . . . . 3 fr. 50 c.
Pose du verre, le mètre superficiel, compris mastic. . . . 1 50

5 »
Frais généraux, 10 %. . . . . » 50

5 50
Bénéfice, 15 %. . . . . » 83

Prix du mètre. . . . . . . 6 fr. 33 c. . . . 6 35

Verre double, quatrième choix, fourni et posé sur lanternes en fer ou en bois, les verres scellés à bain de mastic et recoupés en dessous.
En travaux neufs au-dessous de 8,00 superficiels.

Prix du verre, le mètre superficiel. . . . . 3 fr. 50 c.
Pose du verre, le mètre superficiel, compris mastic. . . . 1 50

5 »
Frais généraux, 10 %. . . . . » 50

5 50
Bénéfice, 10 %. . . . . » 55

Prix du mètre. . . . . . . 6 fr. 05 c. . . . 6 05

Verre double, quatrième choix, fourni et posé sur lanternes en fer et en bois, les verres scellés à bain de mastic.
En entretien et en travaux neufs au-dessous de 8,00 superficiels.

Prix du verre, le mètre superficiel. . . . . 3 fr. 50 c.
Pose du verre, le mètre superficiel, compris mastic. . . . 3 »

6 50
Frais généraux, 10 %. . . . . » 65

7 15
Bénéfice, 15 %. 1 07

Prix du mètre. . . . . . . 8 fr. 22 c. . . . 8 20

	PRIX DE VITRERIE		RABAIS p. % produit sur la série.
	proposés.	de la série (1862).	
	fr. c.	fr. c.	fr. c.

Verre double, troisième choix, fourni et posé sur portes et croisées et châssis verticaux.

En travaux neufs en surface au-dessus de 8,00 superficiels.

Prix du verre, le mètre superficiel. . . . . 4 fr. » c.			
Pose du verre, le mètre superficiel, compris mastic. . . . » 75			
	4 75		
Frais généraux, 10 %. . . . . » 48			
	5 23		
Bénéfice, 10 %. . . . . » 52			
Prix du mètre. . . . . . . 5 fr. 75 c. . .	5 75	7 65	24 83

Verre double, troisième choix, fourni et posé sur portes, croisées et châssis verticaux.

En entretien et en travaux neufs jusqu'à 8,00 superficiels.

Prix du verre, le mètre superficiel. . . . . 4 fr. » c.			
Pose du verre, le mètre superficiel, compris mastic. . . . 1 50			
	5 50		
Frais généraux, 10 %. . . . . » 55			
	6 05		
Bénéfice, 15 %. . . . . » 91			
Prix du verre. . . . . . . 6 fr. 96 c. . .	6 95	8 50	18 23

Verre double, troisième choix, fourni et posé sur lanternes en fer et en bois, les verres scellés à bain de mastic et recoupés en dessous.

En travaux neufs au-dessus de 8,00 superficiels.

Prix du verre, le mètre superficiel. . . . . 4 fr. » c.			
Pose du verre, le mètre superficiel, compris mastic. . . . 1 50			
	5 50		
Frais généraux, 10 %. . . . . » 55			
	6 05		
Bénéfice, 10 %. . . . . » 60			
Prix du mètre. . . . . . . 6 fr. 65 c. . .	6 65	9 60	30 73

Verre double, troisième choix, fourni et posé sur lanternes en fer ou en bois et châssis de comble, les verres scellés à bain de mastic et recoupés en dessous.

En entretien et en travaux neufs jusqu'à 8,00 superficiels.

Prix du verre, le mètre superficiel. . . . . 4 fr. » c.			
Pose du verre, le mètre superficiel, compris mastic. . . . 3 »			
	7 »		
Frais généraux, 10 %. . . . . » 70			
	7 70		
Bénéfice, 15 %. 1 16			
Prix du mètre. . . . . . . 8 fr. 86 c. . .	8 85	10 45	15 31

	PRIX DE VITRERIE		RABAIS p. % produit sur la série.
	proposés.	sur la série (1862).	
	fr. c.	fr. c.	fr. c.

Verre double, deuxième choix, fourni et posé sur croisées, portes et châssis verticaux.

En travaux neufs au-dessus de 8,00 superficiels.

Prix du verre, le mètre superficiel. . . . . 5 fr. » c.
Pose du verre, le mètre superficiel, compris mastic. . . . . » 75

                5 75
Frais généraux, 10 %. . . . . » 58

                6 33
Bénéfice, 10 %. . . . . » 63

            Prix du mètre. . . . . . 6 fr. 96 c.

Verre double, deuxième choix, fourni et posé sur croisées, portes et châssis verticaux.

En entretien au-dessous de 8,00 superficiels.

Prix du verre, le mètre superficiel. . . . . 5 fr. » c.
Pose du verre, le mètre superficiel, compris mastic. 1 50

                6 50
Frais généraux, 10 %. . . . . » 65

                7 15
Bénéfice, 15 %. 1 07

            Prix du mètre. . . . . . 8 fr. 22 c.

Verre double, deuxième choix, fourni et posé sur lanternes en fer ou en bois et châssis de comble.

En travaux neufs au-dessus de 8,00 superficiels.

Prix du verre, le mètre superficiel. . . . . 5 fr. » c.
Pose du verre, le mètre superficiel, compris mastic. 1 50

                6 50
Frais généraux, 10 %. . . . . » 65

                7 15
Bénéfice, 10 %. . . . . » 72

            Prix du mètre. 7 87

Verre double, deuxième choix, fourni et posé sur lanternes en fer ou en bois et châssis de comble, les verres scellés à bain de mastic, recoupés en dessous.

En entretien et en travaux neufs jusqu'à 8,00 superficiels.

Prix du verre, le mètre superficiel. . . . . 5 fr. » c.
Pose du verre, le mètre superficiel, compris mastic. . . . . 3 »

                8 »
Frais généraux, 10 %. . . . . » 80

                8 80
Bénéfice, 15 %. 1 32

            Prix du mètre. . . . . . . 10 fr. 12 c.

Table of figures for the right-hand price columns:

Désignation	proposés	sur la série (1862)	RABAIS
Prix du mètre (travaux neufs au-dessus de 8,00)	6 95	8 70	20 12
Prix du mètre (entretien au-dessous de 8,00)	8 20	9 55	14 14
Prix du mètre (lanternes, travaux neufs au-dessus de 8,00)	7 85	10 65	26 30
Prix du mètre (lanternes, scellés à bain de mastic)	10 10	10 50	3 90

VITRERIE EN VERRE BLANC AU LAGRE

hors mesures.

Sur le prix net du verre, il a été appliqué 15 °/₀ pour bénéfice, frais d'administration et risque de casse.

Les verres hors mesures en troisième choix seront payés 15 °/₀ de moins que les prix portés au tarif.

NOTA. Le verre de deuxième choix contient quelques petits bouillons, qui, lorsque le verre est en place, sont peu apparents, tandis que le troisième choix non-seulement en contient en plus grand nombre, mais il est des feuilles qui, sans avoir autant de bouillons, sont sillonnées par des lignes droites ou sinueuses; enfin le verre de deuxième choix, bien étendu, produit en quelque sorte l'effet de la glace.

En comparant les verres dans les mesures du commerce avec ce qu'on appelle les verres hors mesures, on reconnaîtra que trois dimensions ne figurent point au tableau de ces derniers; le fait résulte de la difficulté de souffler des mesures longues et très-étroites. Or, pour obvier à cette lacune, lorsqu'on aura besoin de feuilles en dehors de celles du commerce et qui ne seront pas portées dans le tableau des verres hors mesures, on les prendra dans les feuilles dont les dimensions offriront le moins de perte.

POIDS DES VERRES HORS MESURES.

Le poids du mètre des verres hors mesures est le même que celui du verre dans les mesures du commerce.

Le mètre de verre simple pèse au minimum.			4 kil.	000
—	1/2 double	—	6	250
—	double	—	8	000

Faisant observer qu'avec ce poids il n'y a pas de fraude possible, tandis qu'en invoquant l'épaisseur on est exposé à ce qu'il soit fourni du verre 1/2 double pour du double, attendu que, dans les grandes mesures, l'épaisseur du verre 1/2 double se rapproche tellement de celle du verre double, que, si le vitrier (comme cela a lieu) exhibe une facture de verre double, on est entraîné à accepter comme vrai ce qui n'est qu'une tromperie.

Il y a des verriers assez complaisants pour se prêter à ce que des fraudes aient lieu, en fabriquant du verre simple épais qui passe pour du demi-double, et du verre demi-double qui passe pour du verre double. L'épaisseur de ces verres comporte évidemment un poids plus important que celui qu'il doit avoir, mais il n'arrive jamais au poids du verre qu'on veut lui substituer, sans quoi il n'y aurait point fraude; en conséquence, quel que soit l'excédant du poids minimum du mètre d'une feuille hors mesure, elle ne peut être classée dans une catégorie différente que lorsqu'elle atteint le minimum de la classe qui lui est supérieure.

POSE DES VERRES HORS MESURES.

Cette vitrerie s'exécute dans les mêmes conditions que la vitrerie dans les douze mesures du commerce, soit en travaux neufs, soit en entretien.

La pose en raison d'un prix déterminé pour chaque pièce est une grande complication et tout à fait inexacte; tandis qu'en fixant la pose au mètre superficiel on se rapproche davantage de la vérité.

Nous proposons donc de fixer le prix de la pose des verres hors mesures au mètre superficiel, de la manière suivante :

1° Pour travaux neufs dépassant 4 mètres superficiels exécutés au même endroit et au même moment.

Pour croisées, portes et châssis verticaux. le mètre superficiel. . .   1 fr. »

2° Pour travaux neufs ne dépassant pas 4 mètres superficiels et pour la vitrerie d'entretien.

Pour croisées, portes et châssis verticaux, le mètre superficiel. . .   2   »

3° Pour travaux neufs dépassant 4 mètres superficiels exécutés au même endroit et au même moment.

Pour lanternes en fer, en bois et châssis de comble, les verres scellés à bain de mastic et recoupés en dessous, le mètre superficiel. . .   2   »

4° Pour travaux neufs ne dépassant pas 4 mètres superficiels et pour la vitrerie d'entretien.

Pour lanternes en fer, en bois et châssis de comble, les verres scellés à bain de mastic et recoupés en dessous, le mètre superficiel. .   4   »

POSE DES VITRES-DALLES

à bain de mastic.

La pose des vitres-dalles sera payée 8 fr. le mètre superficiel jusqu'à concurrence de 1 mètre superficiel ; au-dessus de 1 mètre posé dans le même endroit, le prix de pose diminuera de moitié.

POSE DES VERRES COULÉS.

La pose des verres coulés sera payée au même prix que celle des verres hors mesures suivant les endroits et les cas.

VERRE CANNELÉ.

Ce verre produit beaucoup de déchet, les cannelures étant toujours verticales ; d'où il résulte que, si une feuille n'est pas employée entièrement, le morceau qui reste n'est plus bon à rien.

Le prix du mètre superficiel pour la base doit être de 5 fr. 50.

Verre cannelé fourni et posé en travaux neufs et entretien, prix du mètre..	5 fr.	50
Pose en moyenne...	1	50
	7	00
Frais généraux (faux frais), 20 %..............................	1	40
	8	40
Bénéfice, 15 %..	1	26
Prix du mètre..	9	66

ρ

VERRE–MOUSSELINE

mat sur mat ou à dessins transparents.

L'emploi du verre-mousseline s'accroît de plus en plus ; le prix porté à la série de la ville est beaucoup trop élevé, et l'évaluation au mètre ne peut répondre à tous les besoins.

Nous proposons de remplacer ces prix par ceux du tableau que nous produisons à la série.

Détails qui ont servi à établir les prix du verre-mousseline :

1° Le prix net du verre ;

2° 20 °/₀ pour frais divers, se composant comme suit : 7 fr. 50 °/₀ pour déchet de casse dans le transport et le déballage ;

7 fr. 50 °/₀ pour déchet à la coupe et casse à l'emploi, eu égard à la fragilité du verre, qui, pour la fabrication du dessin, est recuit, ce qui le rend plus cassant ;

5 °/₀ pour dépense de temps à aller faire choisir le dessin et faire les commandes ;

Soit 20 °/₀ ;

3° Enfin sur le prix du verre et les frais divers ci-dessus, 15 °/₀ de bénéfice net, eu égard au peu d'importance de ces sortes de travaux.

DÉPOLISSAGE AU GRÈS.

Pour un mètre superficiel de toute espèce de verres dans les douze mesures du commerce, on paye au dépolisseur pour façon et risques de casse.. . . . . 1 fr. 05

Frais généraux, 20 °/₀. . . . . » 21

1 26

Bénéfice, 10 °/₀. . . . . » 13

Encollage au moment de la pose. . . . . » 11

Prix du mètre. 1 50

Le dépolissage des verres hors mesures devra être porté à 2 fr. le mètre en raison des risques de casse dont les conséquences sont plus désastreuses.

NETTOYAGE DES VERRES ET GLACES.

Le nettoyage des verres et glaces se fait dans deux conditions tout à fait différentes : la première lorsque les peintures sont refaites dans les lieux où les nettoyages s'opèrent ; dans ce cas, les verres et glaces sont remplis de peinture et de mastic qu'il faut gratter avec le couteau ou avec un morceau de bois taillé à cet effet, pour ne pas rayer les glaces ; tandis que, si le nettoyage a lieu après des lessivages ou sans même que ceux-ci aient eu lieu, ces nettoyages sont de moitié moins longs.

En conséquence, les prix suivants sont appliqués, quand les verres et glaces seront nettoyés après peinture achevée.

Nettoyage de carreaux sur les deux faces :

Jusqu'à 1 mètre à l'équerre, la pièce. . . . . » fr. 06

De 1 m. 01 c. à 1 m. 40 c. inclusivement, la pièce. . . . . » 10

Au-dessus de 1 m. 40 c. le mètre superficiel. . . . . » 30

Nettoyage de glace, chaque face. . . . . » 40

NOTA. — *Quand les verres et glaces seront nettoyés sans qu'il soit fait de peinture, les prix diminueront de moitié.*

VITRERIE.

SÉRIE DE PRIX.

OBSERVATION GÉNÉRALE. — Les prix de règlement se composent 1° des déboursés pour la main-d'œuvre et pour les fournitures ; 2° des frais généraux appliqués à ces déboursés ; 3° du bénéfice appliqué aux prix de la main-d'œuvre, des fournitures et aux frais généraux.

Pour la vitrerie, les frais généraux sont fixés à 10 p. %.

— le bénéfice à. . . . . 10 p. %.

— pour la main-d'œuvre par attachement les frais généraux sont fixés à 20 p. %.

PRIX DE BASE.	PRIX PROPOSÉS		PRIX DE LA VILLE (1862).	
	de déboursé.	de règlement.	de déboursé.	de règlement.
	fr. c.	fr. c.	fr. c.	fr. c.
JOURNÉES.				
Journée du vitrier (dix heures de travail).	5 »	6 60	5 »	6 40
La nuit (huit heures de travail) sera payée moitié en plus du prix de la journée.	7 50	9 90	observation.	
MATÉRIAUX.				
Blanc de Bougival. . . . . les 1,000 pains.	10 »	11 50	9 »	9 90
Huile de lin épurée (* cours du 23 décembre 1862). . . . . . . le kilog.	*1 50	1 73	1 35	1 72
Mastic ordinaire à l'huile. id.	» 30	» 35	» 45	» 50
Pointes, le kilog. contenant 4,720 pointes environ.	1 60	1 84	1 60	1 76
Verre blanc, premier choix, dit verre à gravure.				
Ce verre n'est mentionné ici qu'à titre de renseignement parce qu'il ne s'emploie que très-exceptionnellement dans la vitrerie de bâtiment.			observation.	
— *demi-blanc*, simple, dans les douze mesures du commerce, dit verre à couper.				
— deuxième choix (ou premier choix du commerce pour la vitrerie du bâtiment), le mètre superficiel.	2 50	2 88	2 70	2 97
— troisième choix (ou deuxième choix du commerce pour la vitrerie du bâtiment), le mètre superficiel.	2 »	2 30	2 30	2 53
— quatrième choix (ou troisième choix du commerce pour la vitrerie du bâtiment), le mètre superficiel.	1 75	2 01	2 03	2 23
Verre demi-double, moitié en plus des prix ci-dessus.	observation.			
Verre double, le double des prix ci-dessus.	observation.			
Les douze mesures du commerce comprennent les feuilles de verre des dimensions suivantes : 0.69 × 0.66, 0.75 × 0.60, 0.87 × 0.54, 0.96 × 0.48, 0.72 × 0.63, 0.81 × 0.57, 0.90 × 0.51, 1.02 × 0.45, 1.08 × 0.42, 1.20 × 0.36, 1.14 × 0.39, 1.26 × 0.33.	observation.			
Verre cannelé, le mètre superficiel, dans les douze mesures du commerce.	5 50	6 33	7 »	7 70
— verres et glaces pour dalles, bruts des deux faces, le kilog. .	» 81	0 93	1 »	1 10

PRIX DE BASE (suite).

	PRIX PROPOSÉS		PRIX DE LA VILLE (1862).	
	de déboursés.	de règlement.	de déboursés.	de règlement.
Verre coulé, verre mince de 4 à 6 millimètres d'épaisseur pesant de 10 à 15 kilog. par mètre carré, *d'une superficie ne dépassant pas 0.20 superficiels :*	fr. c.	fr. c.	fr. c.	fr. c.
— demi-blanc rayé. . . . . le mètre superficiel.	5 56	6 40	5 92	6 51
— à losanges. . . . . id.	7 27	8 36	7 75	8 52
— blanc rayé. . . . . id.	7 27	8 36	7 75	8 52
— à losanges. . . . . id.	8 98	10 33	9 55	10 53
— *d'une superficie comprise entre 0.20 et 0.60 :*				
— demi-blanc rayé. . . . . le mètre superficiel.	6 41	7 37	6 85	7 53
— à losanges. . . . . id.	8 12	9 34	8 65	9 51
— blanc rayé. . . . . id.	8 12	9 34	8 65	9 51
— à losanges. . . . . id.	9 83	11 31	10 47	11 51
— *d'une superficie comprise entre 0.60 et 1 mètre carré :*				
— demi-blanc rayé. . . . . le mètre superficiel.	7 27	8 36	7 75	8 52
— à losanges . . . . id.	8 98	10 33	9 55	10 50
— blanc rayé. . . . . id.	8 98	10 33	9 55	10 50
— à losanges. . . . . id.	10 69	12 29	11 38	12 52
Pour les dimensions plus grandes, prix à débattre.	observation.			
Verre blanc épais de 8 à 12 millim. d'épaisseur, pesant de 20 à 30 kilog. par mètre carré :				
— en table d'une superficie de moins de ¼ mètre le mèt. superficiel.	13 »	14 95	13 »	14 30
— d'une superficie dépassant ¼ mètre. . . . id.	15 »	17 25	15 »	16 50

PRIX DE RÈGLEMENT.

	PRIX PROPOSÉS de règlement.	PRIX de LA VILLE (1862) de règlement.
	fr. c.	fr. c.
Verre demi-blanc compris dans les douze mesures du commerce, pour fourniture, pose, masticagé et nettoyage des verres des deux faces, le mètre superficiel :		
Verre simple pesant au minimum 4 kilog. par mètre superficiel, quatrième choix, pour portes, croisées et châssis verticaux, travaux neufs.	3 05	4 »
Entretien.	4 10	4 65

	PRIX PROPOSÉS de règlement.		PRIX de LA VILLE (1862) de règlement.	
	fr.	c.	fr.	c.
Verre simple pour lanternes et châssis de comble, les verres scellés à bain de mastic, recoupés en dessous :				
Travaux neufs.	3	95	5	65
Entretien.	6	»	6	30
— troisième choix pour portes, croisées et châssis verticaux :				
Travaux neufs.	3	35	4	35
Entretien.	4	45	5	»
— pour lanternes et châssis de comble, les verres scellés à bain de mastic, recoupés en dessous :				
Travaux neufs.	4	25	6	»
Entretien.	6	35	6	65
— deuxième choix pour portes, croisées et châssis verticaux :				
Travaux neufs.	3	95	4	85
Entretien.	5	05	5	50
— pour lanternes et châssis de comble, etc. :				
Travaux neufs.	4	85	6	50
Entretien.	6	95	7	45
Verre demi-double pesant au minimum 6 kilog. 250 gr. par mètre superficiel, quatrième choix pour portes, croisées et châssis verticaux :				
Travaux neufs.	4	10		
Entretien.	5	20		
— pour lanternes et châssis de comble :				
Travaux neufs.	5	»		
Entretien.	7	10		
— troisième choix pour portes, croisées et châssis verticaux :				
Travaux neufs.	4	55	5	85
Entretien.	5	70	6	60
— pour lanternes et châssis de comble, etc. :				
Travaux neufs.	5	45	7	65
Entretien.	7	60	8	40
— deuxième choix pour portes, croisées et châssis verticaux :				
Travaux neufs.	5	45	6	65
Entretien.	6	65	7	40
— pour lanternes et châssis de comble, etc. :				
Travaux neufs.	6	35	8	45
Entretien.	8	55	9	20

PRIX DE RÈGLEMENT (suite).

	PRIX PROPOSÉS de règlement.	PRIX de LA VILLE (1862) de règlement.
	fr. c.	fr. c.

PRIX DE RÈGLEMENT (suite).

Verre double pesant au minimum 8 kilog. par mètre superficiel, quatrième choix pour portes, croisées et châssis verticaux :

Travaux neufs.	5 15	
Entretien.	6 35	

— pour lanternes et châssis de comble, etc. :

Travaux neufs.	6 05	
Entretien.	8 20	

— troisième choix pour portes, croisées et châssis verticaux :

Travaux neufs.	5 75	7 65
Entretien.	6 95	8 50

— pour lanternes et châssis de comble, etc. :

Travaux neufs.	6 65	9 60
Entretien.	8 85	10 45

— deuxième choix pour portes, croisées et châssis verticaux :

Travaux neufs.	6 95	8 70
Entretien.	8 20	9 55

— pour lanternes et châssis de comble :

Travaux neufs.	7 85	10 65
Entretien.	10 10	10 50

Nota. — Chaque fois qu'il sera fait de la vitrerie en travaux neufs, dont la quantité ne dépassera pas 8 mètres superficiels, exécutée de continue ou non, elle devra être comptée et payée comme la vitrerie en entretien.

observation.

PRIX DES VERRES BLANCS SIMPLES,

Deuxième choix, hors mesures, sans pose, pesant, au minimum, 4 kilog.
par mètre superficiel.

DIMENSIONS.	PRIX proposés.	DIMENSIONS.	PRIX proposés.	DIMENSIONS.	PRIX proposés.
m. c.	fr. c.	m. c.	fr. c.	m. c.	fr. c.
0m,42 sur 1 11	1 65	0m,45 sur 1 35	3 40	0m,48 sur 1 53	5 60
1 14	1 80	1 38	3 55	1 56	5 90
1 17	1 95	1 41	3 80	1 59	6 30
1 20	2 20	1 44	4 »	1 62	6 80
1 23	2 30	1 47	4 35	1 65	7 20
1 26	2 45	1 50	4 70	1 68	7 70
1 29	2 60	1 53	5 »	1 71	8 20
1 32	2 75	1 56	5 40	1 74	8 75
1 35	3 »	1 59	5 75	1 77	9 30
1 38	3 15	1 62	6 20	1 80	9 45
1 41	3 40	1 65	6 60	1 83	9 60
1 44	3 70	1 68	7 05	1 86	9 65
1 47	3 95	1 71	7 60	1 89	9 95
1 50	4 20	1 74	8 05	1 92	10 10
1 53	4 55	1 77	8 60	1 95	10 25
1 56	4 90	1 80	9 20	1 98	10 40
1 59	5 25	1 83	9 30	2 01	10 60
1 62	5 65	1 86	9 45	2 04	10 75
1 65	6 25	1 89	9 60	2 07	10 90
1 68	6 80	1 92	9 75	2 10	11 05
1 71	7 25	1 95	9 95		
1 74	8 05	1 98	10 05	0m,51 sur 0 93	1 50
1 77	8 30	2 01	10 25	0 96	1 65
1 80	8 85	2 04	10 40	0 99	1 80
1 83	8 95	2 07	10 50	1 02	1 95
1 86	9 15	2 10	10 70	1 05	2 05
1 89	9 30			1 08	2 20
1 92	9 45	0m,48 sur 0 99	1 55	1 11	2 35
1 95	9 60	1 02	1 70	1 14	2 45
1 98	9 70	1 05	1 95	1 17	2 70
2 01	9 90	1 08	2 05	1 20	2 85
2 04	10 05	1 11	2 20	1 23	3 10
2 07	10 25	1 14	2 30	1 26	3 25
2 10	10 45	1 17	2 45	1 29	3 55
		1 20	2 60	1 32	3 80
0m,45 sur 1 05	1 60	1 23	2 75	1 35	4 10
1 08	1 75	1 26	3 »	1 38	4 35
1 11	1 95	1 29	3 20	1 41	4 65
1 14	2 10	1 32	3 40	1 44	5 »
1 17	2 25	1 35	3 70	1 47	5 30
1 20	2 35	1 38	3 95	1 50	5 70
1 23	2 55	1 41	4 20	1 53	6 10
1 26	2 70	1 44	4 50	1 56	6 50
1 29	2 85	1 47	4 85	1 59	6 90
1 32	3 10	1 50	5 20	1 62	7 35

VERRES BLANCS SIMPLES HORS MESURES (suite).

DIMENSIONS.	PRIX proposés.	DIMENSIONS.	PRIX proposés.	DIMENSIONS.	PRIX proposés.
m. c.	fr. c.	m. c.	fr. c.	m. c.	fr. c.
0m,54 sur 1 65	7 80	0m,54 sur 1 89	10 65	0m,57 sur 2 07	12 15
1 68	8 40	1 92	10 80	2 10	12 35
1 71	8 90	1 95	11 05	0m,60 sur 0 78	1 40
1 74	9 45	1 98	11 20	0 81	1 55
1 77	9 65	2 01	11 30	0 84	1 70
1 80	9 85	2 04	11 50	0 87	1 80
1 83	10 »	2 07	11 65	0 90	1 95
1 86	10 10	2 10	11 85	0 93	2 05
1 89	10 30			0 96	2 20
1 92	10 45	0m,57 sur 0 84	1 45	0 99	2 35
1 95	10 65	0 87	1 60	1 02	2 45
1 98	10 80	0 90	1 80	1 05	2 65
2 01	10 90	0 93	1 95	1 08	2 85
2 04	11 10	0 96	2 »	1 11	3 10
2 07	11 30	0 99	2 10	1 14	3 35
2 10	11 45	1 02	2 40	1 17	3 50
		1 05	2 55	1 20	3 80
0m,54 sur 0 90	1 45	1 08	2 60	1 23	4 30
0 93	1 60	1 11	2 80	1 26	4 45
0 96	1 80	1 14	3 »	1 29	4 75
0 99	1 95	1 17	3 25	1 32	5 05
1 02	2 05	1 20	3 50	1 35	5 40
1 05	2 24	1 23	3 75	1 38	5 80
1 08	2 35	1 26	4 »	1 41	6 15
1 11	2 60	1 29	4 30	1 44	6 55
1 14	2 75	1 32	4 60	1 47	7 »
1 17	2 95	1 35	4 90	1 50	7 40
1 20	3 15	1 38	5 30	1 53	7 95
1 23	3 40	1 41	5 65	1 56	8 40
1 26	3 70	1 44	6 »	1 59	8 80
1 29	3 90	1 47	6 40	1 62	9 45
1 32	4 20	1 50	6 80	1 65	10 05
1 35	4 50	1 53	7 25	1 68	10 25
1 38	4 75	1 56	7 70	1 71	10 40
1 41	5 10	1 59	8 20	1 74	10 60
1 44	5 45	1 62	8 75	1 77	10 80
1 47	5 80	1 65	9 25	1 80	11 »
1 50	6 20	1 68	9 85	1 83	11 15
1 53	6 60	1 71	10 »	1 86	11 30
1 56	7 05	1 74	10 15	1 89	11 50
1 59	7 55	1 77	10 35	1 92	11 70
1 62	8 »	1 80	10 50	1 95	11 85
1 65	8 50	1 83	10 80	1 98	12 05
1 68	9 10	1 86	10 85	0m,63 sur 0 75	1 40
1 71	9 65	1 89	11 »	0 78	1 55
1 74	9 85	1 92	11 20	0 81	1 80
1 77	10 »	1 95	11 35	0 84	1 85
1 80	10 15	1 98	11 60	0 87	1 95
1 83	10 35	2 01	11 75		
1 86	10 50	2 04	11 95		

VERRES BLANCS SIMPLES HORS MESURES (suite).

DIMENSIONS.	PRIX proposés.	DIMENSIONS.	PRIX proposés.	DIMENSIONS.	PRIX proposés.
m. c.	fr. c.	m. c.	fr. c.	m. c.	fr. c.
0m,63 sur 0 90	2 05	0m,66 sur 1 11	3 75	0m,69 sur 1 32	6 65
0 93	2 15	1 14	4 »	1 35	7 10
0 96	2 40	1 17	4 25	1 38	7 80
0 99	2 60	1 20	4 65	1 41	8 05
1 02	2 75	1 23	5 »	1 44	8 55
1 05	2 95	1 26	5 55	1 47	9 10
1 08	3 15	1 29	5 70	1 50	9 50
1 11	3 40	1 32	6 10	1 53	10 25
1 14	3 70	1 35	6 50	1 56	10 90
1 17	3 95	1 38	6 90	1 59	11 05
1 20	4 20	1 41	7 35	1 62	11 20
1 23	4 55	1 44	7 80	1 65	11 40
1 26	4 90	1 47	8 30	1 68	11 60
1 29	5 15	1 50	8 85	1 71	11 85
1 32	5 55	1 53	9 35	1 74	12 05
1 35	6 »	1 56	9 95	1 77	12 25
1 38	6 30	1 59	10 50	1 80	12 45
1 41	6 80	1 62	10 75	1 83	12 65
1 44	7 20	1 65	10 90	1 86	12 90
1 47	7 65	1 68	11 15	1 89	13 05
1 50	8 10	1 71	11 30		
1 53	8 50	1 74	11 55	0m,72 sur 0 72	1 80
1 56	9 15	1 77	11 75	0 75	1 95
1 59	9 70	1 80	11 95	0 78	2 05
1 62	10 30	1 83	12 40	0 81	2 15
1 65	10 45	1 86	12 30	0 84	2 40
1 68	10 65	1 89	12 55	0 87	2 60
1 71	10 85	1 92	12 70	0 90	2 75
1 74	11 »			0 93	3 »
1 77	11 20	0m,69 sur 0 69	1 40	0 96	3 20
1 80	11 40	0 72	1 60	0 99	3 45
1 83	11 60	0 75	1 80	1 02	3 70
1 86	11 85	0 78	1 95	1 05	3 95
1 89	12 »	0 81	2 05	1 08	4 15
1 92	12 20	0 84	2 25	1 11	4 60
1 95	12 40	0 87	2 35	1 14	4 90
		0 90	2 40	1 17	5 30
0m,66 sur 0 72	1 40	0 93	2 70	1 20	5 60
0 75	1 60	0 96	3 »	1 23	6 05
0 78	1 80	0 99	3 10	1 26	6 45
0 81	1 85	1 02	3 35	1 29	6 85
0 84	2 »	1 05	3 55	1 32	7 30
0 87	2 10	1 08	3 85	1 35	7 75
0 90	2 20	1 11	4 10	1 38	8 30
0 93	2 45	1 14	4 50	1 41	8 80
0 96	2 60	1 17	4 85	1 44	9 30
0 99	2 80	1 20	5 10	1 47	9 90
1 02	3 »	1 23	5 45	1 50	10 45
1 05	3 20	1 26	5 85	1 53	11 40
1 08	3 50	1 29	6 25	1 56	11 30

VERRES BLANCS SIMPLES HORS MESURES (suite).

DIMENSIONS.	PRIX proposés.	DIMENSIONS.	PRIX proposés.	DIMENSIONS.	PRIX proposés.
m. c.	fr. c.	m. c.	fr. c.	m. c.	fr. c.
0m,72 sur 1 59	11 50	0m,78 sur 0 81	2 75	0m,81 sur 1 26	8 40
1 62	11 70	0 84	2 95	1 29	8 90
1 65	11 95	0 87	3 15	1 32	9 50
1 68	12 20	0 90	3 40	1 35	10 10
1 71	12 40	0 93	3 70	1 38	10 70
1 74	12 60	0 96	3 95	1 41	11 30
1 77	12 80	0 99	4 20	1 44	12 »
1 80	13 05	1 02	4 55	1 47	12 25
1 83	13 30	1 05	4 85	1 50	12 55
1 86	13 45	1 08	5 15	1 53	12 80
		1 11	5 40	1 56	13 05
0m,75 sur 0 75	2 15	1 14	5 90	1 59	13 28
0 78	2 25	1 17	6 40	1 62	13 50
0 81	2 45	1 20	6 80	1 65	13 80
0 84	2 65	1 23	7 25	1 68	14 05
0 87	2 95	1 26	7 70	1 71	14 25
0 90	3 05	1 29	8 20	1 74	14 55
0 93	3 25	1 32	8 75	1 77	14 85
0 96	3 55	1 35	9 25		
0 99	3 80	1 38	9 85	0m,84 sur 0 84	3 70
1 02	4 10	1 41	10 40	0 87	3 90
1 05	4 35	1 44	11 05	0 90	4 20
1 08	4 70	1 47	11 75	0 93	4 50
1 11	4 90	1 50	11 95	0 96	4 85
1 14	5 60	1 53	12 20	0 99	5 15
1 17	5 80	1 56	12 40	1 02	5 50
1 20	6 15	1 59	12 65	1 05	5 85
1 23	6 60	1 62	12 95	1 08	6 25
1 26	7 »	1 65	13 15	1 11	6 65
1 29	7 45	1 68	13 40	1 14	7 15
1 32	8 20	1 71	13 60	1 17	7 60
1 35	8 50	1 74	13 85	1 20	8 10
1 38	9 »	1 77	14 15	1 23	8 60
1 41	9 60	1 80	14 35	1 26	9 20
1 44	10 15			1 29	9 75
1 47	10 80	0m,81 sur 0 81	3 05	1 32	10 40
1 50	11 45	0 84	3 25	1 35	11 »
1 53	11 60	0 87	3 50	1 38	11 65
1 56	11 80	0 90	3 80	1 41	12 35
1 59	12 15	0 93	4 10	1 44	12 65
1 62	12 30	0 96	4 35	1 47	12 90
1 65	12 55	0 99	4 65	1 50	13 25
1 68	12 75	1 02	5 »	1 53	13 40
1 71	13 »	1 05	5 35	1 56	13 70
1 74	13 20	1 08	5 70	1 59	13 90
1 77	13 45	1 11	6 10	1 62	14 20
1 80	13 70	1 14	6 50	1 65	14 50
1 83	13 90	1 17	6 95	1 68	14 70
		1 20	7 40	1 71	14 95
0m,78 sur 0 78	2 60	1 23	7 85	1 74	15 25

VERRES BLANCS SIMPLES HORS MESURES (suite).

DIMENSIONS.	PRIX proposés.	DIMENSIONS.	PRIX proposés.	DIMENSIONS.	PRIX proposés.
m. c.	fr. c.	m. c.	fr. c.	m. c.	fr. c.
0m,87 sur 0 87	4 35	0m,90 sur 1 50	14 45	0m,96 sur 1 44	15 20
0 90	4 60	1 53	14 70	1 47	15 45
0 93	4 95	1 56	15 »	1 50	15 70
0 96	5 30	1 59	15 35	1 53	16 15
0 99	5 90	1 62	15 65	1 56	16 45
1 02	6 05	1 65	15 85	1 59	16 80
1 05	6 45	1 68	16 15	1 62	17 05
1 08	6 90				
1 11	7 30	0m,93 sur 0 93	6 05	0m,99 sur 0 99	8 15
1 14	7 80	0 96	6 40	1 02	8 60
1 17	8 35	0 99	6 85	1 05	9 20
1 20	8 85	1 02	7 25	1 08	9 70
1 23	9 45	1 05	7 70	1 11	10 35
1 26	10 »	1 08	8 20	1 14	11 »
1 29	10 65	1 11	8 75	1 17	11 65
1 32	11 25	1 14	9 30	1 20	12 40
1 35	11 95	1 17	9 90	1 23	13 10
1 38	12 65	1 20	10 50	1 26	13 90
1 41	13 »	1 23	11 15	1 29	14 25
1 44	13 20	1 26	11 85	1 32	14 60
1 47	13 50	1 29	12 55	1 35	14 95
1 50	13 80	1 32	12 95	1 38	15 25
1 53	14 05	1 35	13 60	1 41	15 60
1 56	14 30	1 38	13 90	1 44	15 90
1 59	14 60	1 41	14 20	1 47	16 35
1 62	14 90	1 44	14 55	1 50	16 55
1 65	15 20	1 47	14 85	1 53	16 90
1 68	15 45	1 50	15 10	1 56	17 25
1 71	15 75	1 53	15 45	1 59	17 60
		1 56	15 75		
0m,90 sur 0 90	5 10	1 59	16 05	1m,02 sur 1 02	9 45
0 93	5 45	1 62	16 35	1 05	10 »
0 96	5 80	1 65	16 65	1 08	10 60
0 99	6 20			1 11	11 20
1 02	6 50	0m,96 sur 0 96	7 »	1 14	11 90
1 05	6 80	0 99	7 45	1 17	12 65
1 08	7 55	1 02	7 95	1 20	13 45
1 11	8 »	1 05	8 40	1 23	14 25
1 14	8 50	1 08	8 95	1 26	14 55
1 17	9 10	1 11	9 55	1 29	14 95
1 20	9 65	1 14	10 10	1 32	15 30
1 23	10 25	1 17	10 75	1 35	15 65
1 26	10 90	1 20	11 35	1 38	16 »
1 29	11 55	1 23	12 15	1 41	16 35
1 32	12 15	1 26	12 80	1 44	16 65
1 35	13 »	1 29	13 60	1 47	17 »
1 38	13 30	1 32	13 90	1 50	17 35
1 41	13 55	1 35	14 25	1 53	17 70
1 44	13 85	1 38	14 55	1 56	18 »
1 47	14 15	1 41	14 90		

VERRES BLANCS SIMPLES HORS MESURES (suite).

DIMENSIONS.		PRIX proposés.	DIMENSIONS.		PRIX proposés.	DIMENSIONS.		PRIX proposés.
	m. c.	fr. c.		m. c.	fr. c.		m. c.	fr. c.
1m,05 sur	1 05	10 80	1m,05 sur	1 23	14 95	1m,05 sur	1 41	17 05
	1 08	11 45		1 26	15 30		1 44	17 50
	1 11	12 20		1 29	15 65		1 47	17 80
	1 14	12 95		1 32	16 05		1 50	18 15
	1 17	13 75		1 35	16 40		1 53	18 55
	1 20	14 55		1 38	16 75			

	PRIX PROPOSÉS de règlement.
	fr. c.
Les verres compris au tableau ci-dessus ne se fabriquent en verre simple que jusqu'à 0.78 × 1.14 inclusivement.	observation.
Le prix des verres hors mesures, en troisième choix, est de 15 % de moins que ceux de deuxième choix.	observation.
Le verre demi-double, moitié en plus des prix ci-dessus.	observation.
— double, le double des prix ci-dessus.	observation.
Nota. — Le poids des verres hors mesures est le même que celui dans les mesures du commerce, soit,	
Au minimum, pour le verre simple, 4 kil. par mètre superficiel.	observation.
id. pour le verre demi-double 6 kil. 250 id.	observation.
id. pour le verre double, 8 kil. id.	observation.
Les dimensions de longueur et de largeur des verres ci-dessus n'étant fixées que de 3 en 3 centimètres, les verres des dimensions intermédiaires seront payés comme ceux des dimensions maxima; ainsi, par exemple, une feuille de 0.48 × 1.04 sera payée comme 0.48 × 1.05 et une de 0.49 × 1.05 sera payée comme 0.51 × 1.05, et ainsi de suite.	
Pose de verres hors mesures, simples, demi-doubles et doubles, compris toutes fournitures et accessoires, le mètre superficiel :	
— — pour croisées, portes et châssis verticaux :	
Travaux neufs.	1 »
Entretien.	2 »
— — pour lanternes et châssis de comble, les verres scellés à bain de mastic, recoupés en dessous :	
Travaux neufs.	2 »
Entretien.	4 »
NOTA. — *Chaque fois qu'il sera posé des verres hors mesures, en travaux neufs en petite quantité, ne dépassant pas 4 mètres superficiels dans le même endroit et au même moment, cette pose sera comptée et payée comme celle en entretien.*	observation.

	PRIX PROPOSÉS de règlement.
	fr. c.

Emploi du verre, quatrième choix, simple, demi-double et double :

Les prix du verre demi-blanc, quatrième choix (du commerce), seront appliqués au vitrage des magasins, corps de garde, casernes, cuisines, corridors, croisées sur petites cours intérieures, etc., ainsi qu'au vitrage des châssis de comble et des lanternes, à moins de demande spéciale d'emploi de verre de troisième choix.   *observation.*

Emploi du verre, troisième choix, simple, demi-double et double :

Les prix du verre demi-blanc de troisième choix seront appliqués au vitrage des croisées extérieures sur les façades.   *observation.*

Le prix du verre de deuxième choix ne sera admis que sur l'ordre écrit de l'architecte.   *observation.*

Pose de vitres-dalles, à bain de mastic, jusqu'à concurrence de 1 mètre superficiel. .   8 »

— au-dessus de 1 mètre, posées dans le même endroit, le prix de pose diminuera de moitié. . . . .   4 »

Pose de verres coulés, compris toutes fournitures accessoires :

La pose des verres coulés sera payée au mètre superficiel et aux mêmes prix que celle des verres hors mesures, suivant les endroits et les cas.   *observation.*

Verre cannelé, compris masticage et pose en travaux neufs ou en entretien :

Prix moyen, le mètre superficiel. 9 65

PRIX DE RÈGLEMENT DES VERRES-MOUSSELINE SIMPLES,

troisième choix, à dessins transparents ou mat sur mat, sans pose.

DIMENSIONS.	PRIX proposés.	DIMENSIONS.	PRIX proposés.	DIMENSIONS.	PRIX proposés.
m. c.	fr. c.	m. c.	fr. c.	m. c.	fr. c.
0m,33 sur 0 42	0 95	0m,36 sur 0 87	2 15	0m,39 sur 1 32	6 70
0 45	1 05	0 90	2 20		
0 48	1 10	0 93	2 25	0m,42 sur 0 42	1 25
0 51	1 15	0 96	2 40	0 45	1 30
0 54	1 25	0 99	2 50	0 48	1 45
0 57	1 30	1 02	2 55	0 51	1 50
0 60	1 40	1 05	2 60	0 54	1 60
0 63	1 45	1 08	2 70	0 57	1 65
0 66	1 50	1 11	2 75	0 60	1 75
0 69	1 60	1 14	2 75	0 63	1 80
0 72	1 65	1 17	2 75	0 66	1 95
0 75	1 70	1 20	2 75	0 69	2 »
0 78	1 75	1 23	4 40	0 72	2 10
0 81	1 85	1 26	4 70	0 75	2 15
0 84	1 95	1 29	4 85	0 78	2 25
0 87	2 »	1 32	4 90	0 81	2 35
0 90	2 05			0 84	2 40
0 93	2 15	0m,39 sur 0 42	1 10	0 87	2 55
0 96	2 20	0 45	1 25	0 90	2 60
0 99	2 25	0 48	1 30	0 93	2 70
1 02	2 35	0 51	1 40	0 96	2 75
1 05	2 40	0 54	1 45	0 99	2 75
1 08	2 50	0 57	1 50	1 02	2 75
1 11	2 55	0 60	1 60	1 05	2 75
1 14	2 60	0 63	1 70	1 08	2 75
1 17	2 70	0 66	1 75	1 11	4 85
1 20	2 75	0 69	1 85	1 14	4 95
1 23	2 75	0 72	1 95	1 17	5 10
1 26	2 75	0 75	2 »	1 20	5 30
1 29	4 40	0 78	2 05	1 23	5 70
1 32	4 50	0 81	2 20	1 26	6 35
		0 84	2 25	1 29	7 45
0m,36 sur 0 42	1 05	0 87	2 35	1 32	7 65
0 45	1 10	0 90	2 40		
0 48	1 15	0 93	2 50	0m,45 sur 0 42	1 30
0 51	1 25	0 96	2 55	0 45	1 40
0 54	1 30	0 99	2 70	0 48	1 50
0 57	1 45	1 02	2 75	0 51	1 60
0 60	1 50	1 05	2 75	0 54	1 65
0 63	1 60	1 08	2 75	0 57	1 75
0 66	1 65	1 11	2 75	0 60	1 85
0 69	1 70	1 14	2 75	0 63	1 95
0 72	1 75	1 17	4 55	0 66	2 05
0 75	1 85	1 20	4 85	0 69	2 15
0 78	1 95	1 23	5 »	0 72	2 20
0 81	2 »	1 26	5 10	0 75	2 35
0 84	2 05	1 29	6 55	0 78	2 40

VERRES-MOUSSELINE SIMPLES (suite).

DIMENSIONS.		PRIX proposés.	DIMENSIONS.		PRIX proposés.	DIMENSIONS.		PRIX proposés.
	m. c.	fr. c.		m. c.	fr. c.		m. c.	fr. c.
0m,45 sur	0 81	2 50	0m,51 sur	0 42	1 45	0m,54 sur	0 96	5 40
	0 84	2 60		0 45	1 60		0 99	5 50
	0 87	2 70		0 48	1 65		1 02	5 75
	0 90	2 75		0 51	1 75		1 05	5 85
	0 93	2 75		0 54	1 95		1 08	6 90
	0 96	2 75		0 57	2 »		1 11	8 30
	0 99	2 75		0 60	2 15		1 14	8 40
	1 02	2 75		0 63	2 20		1 17	8 70
	1 05	4 90		0 66	2 35		1 20	9 »
	1 08	5 05		0 69	2 40		1 23	9 20
	1 11	5 20		0 72	2 55		1 26	9 40
	1 14	5 30		0 75	2 60		1 29	9 60
	1 17	5 50		0 78	2 75		1 32	9 90
	1 20	6 40		0 81	2 75			
	1 23	7 65		0 84	2 75	0m,57 sur	0 42	1 65
	1 26	7 80		0 87	2 75		0 45	1 75
	1 29	8 »		0 90	2 75		0 48	1 85
	1 32	8 20		0 93	4 90		0 51	2 »
				0 96	5 05		0 54	2 15
0m,48 sur	0 42	1 40		0 99	5 30		0 57	2 20
	0 45	1 50		1 02	5 40		0 60	2 35
	0 48	1 60		1 05	5 50		0 63	2 45
	0 51	1 65		1 08	5 80		0 66	2 60
	0 54	1 75		1 11	7 80		0 69	2 70
	0 57	1 85		1 14	8 »		0 72	2 75
	0 60	2 »		1 17	8 20		0 75	2 75
	0 63	2 05		1 20	8 40		0 78	2 75
	0 66	2 20		1 23	8 55		0 81	2 75
	0 69	2 25		1 26	8 90		0 84	4 95
	0 72	2 40		1 29	9 10		0 87	5 10
	0 75	2 50		1 32	9 30		0 90	5 30
	0 78	2 55					0 93	5 50
	0 81	2 70	0m,54 sur	0 42	1 60		0 96	5 65
	0 84	2 75		0 45	1 65		0 99	5 85
	0 87	2 75		0 48	1 75		1 02	6 10
	0 90	2 75		0 51	1 95		1 05	6 20
	0 93	2 75		0 54	2 »		1 08	7 45
	0 96	2 75		0 57	2 15		1 11	8 75
	0 99	4 90		0 60	2 20		1 14	9 »
	1 02	5 05		0 63	2 35		1 17	9 20
	1 05	5 30		0 66	2 45		1 20	9 45
	1 08	5 40		0 69	2 55		1 23	9 65
	1 11	5 50		0 72	2 70		1 26	9 95
	1 14	6 50		0 75	2 75		1 29	10 15
	1 17	7 75		0 78	2 75		1 32	10 35
	1 20	7 95		0 81	2 75			
	1 23	8 15		0 84	2 75	0m,60 sur	0 42	1 75
	1 26	8 35		0 87	2 75		0 45	1 85
	1 29	8 55		0 90	5 05		0 48	2 »
	1 32	8 75		0 93	5 20		0 51	2 15

VERRES-MOUSSELINE SIMPLES (suite).

DIMENSIONS.	PRIX proposés.	DIMENSIONS.	PRIX proposés.	DIMENSIONS.	PRIX proposés.
m. c.	fr. c.	m. c.	fr. c.	m. c.	fr. c.
0m,60 sur 0 54	2 20	0m,63 sur 0 81	5 30	0m,66 sur 1 08	8 40
0 57	2 35	0 84	5 45	1 11	10 15
0 60	2 45	0 87	5 65	1 14	10 35
0 63	2 60	0 90	5 85	1 17	10 60
0 66	2 75	0 93	6 05	1 20	10 90
0 69	2 75	0 96	6 30	1 23	11 20
0 72	2 75	0 99	6 50	1 6	11 45
0 75	2 75	1 02	6 60	1 29	11 75
0 78	4 85	1 05	6 90	1 32	12 .
0 81	5 05	1 08	8 30		
0 84	5 25	1 11	9 60	0m,69 sur 0 42	2 .
0 87	5 40	1 14	9 95	0 45	2 15
0 90	5 60	1 17	10 15	0 48	2 30
0 93	5 80	1 20	10 40	0 51	2 40
0 96	5 95	1 23	10 70	0 54	2 55
0 99	6 15	1 26	11 .	0 57	2 70
1 02	6 35	1 29	11 30	0 60	2 75
1 05	6 55	1 32	11 45	0 63	2 75
1 08	8 .			0 66	2 75
1 11	9 20	0m,66 sur 0 42	1 95	0 69	4 90
1 14	9 45	0 45	2 05	0 72	5 20
1 17	9 65	0 48	2 20	0 75	5 40
1 20	9 95	0 51	2 35	0 78	5 60
1 23	10 20	0 54	2 45	0 81	5 80
1 26	10 40	0 57	2 60	0 84	6 10
1 29	10 70	0 60	2 75	0 87	6 20
1 32	11 05	0 63	2 75	0 90	6 40
		0 66	2 75	0 93	6 60
0m,63 sur 0 42	1 75	0 69	2 75	0 96	6 85
0 45	1 95	0 72	4 90	0 99	7 05
0 48	2 05	0 75	5 10	1 02	7 30
0 51	2 20	0 78	5 30	1 05	7 55
0 54	2 35	0 81	5 50	1 08	9 05
0 57	2 45	0 84	5 75	1 11	10 55
0 60	2 60	0 87	5 95	1 14	10 85
0 63	2 75	0 90	6 15	1 17	11 10
0 66	2 75	0 93	6 35	1 20	11 45
0 69	2 75	0 96	6 55	1 23	11 75
0 72	2 75	0 99	6 75	1 26	12 .
0 75	4 90	1 02	6 95	1 29	12 40
0 78	5 10	1 05	7 15	1 32	13 80

VERRES-MOUSSELINE.

	PRIX proposés.
	fr. c.
Les prix des verres-mousseline, au-dessus des dimensions comprises dans le tableau ci-dessus, se traitent de gré à gré.	observation.
Les verres-mousseline demi-double, moitié en plus des prix ci-dessus.	observation.
Il ne se fait pas de verre demi-double au-dessous de 4 fr. 10 c. la feuille.	observation.
— double, le double du prix ci-dessus.	observation.
Il ne se fait pas de verre double au-dessous de 5 fr. 50 c. la feuille.	observation.
Les prix des verres-mousseline, dans le tableau ci-dessus, étant fixés de 3 en 3 centimètres, pour avoir le prix d'une mesure intermédiaire on prendra les dimensions maxima ; ainsi un verre de 0.65 × 0.53 sera payé le même prix que celui de 0.66 × 0.54, et un de 0.66 × 0.55 sera payé comme celui de 0.66 × 0.57, ainsi des autres.	observation.
Pose des verres-mousseline, compris toutes fournitures et accessoires en travaux neufs et en réparation. Prix moyen, le mètre superficiel.	4 15

DIVERS.

	PRIX PROPOSÉS de règlement.	PRIX DE LA VILLE (1862) de règlement.
	fr. c.	fr. c.
Dépolissage au grès des verres dans les douze mesures du commerce, le mètre superficiel.	1 50	2 »
— des verres hors mesures, le mètre superficiel.	2 »	2 »
Rive de joints vifs à l'émeri.. . . . . le mètre linéaire.	» 70	» 70
Panneaux en verre et en plomb. . . . . le mètre superficiel.	10 50	10 50
Lien en plomb. . . . . la pièce. . .	» 04	» 04
Dépose de verre. . . . . le mètre superficiel.	» 35	» 35
Dépose et repose de vasistas. . . . . la pièce. . .	» 55	» 55
— de plates-bandes, à vis ou écrou. . . . . . . id.	» 15	» 15
Dépose de carreau jusqu'à 1 mètre à l'équerre. . . . . id.	» 15	» 15
— de 1.01 à 1.40 inclusivement. . . . . id.	» 25	» 25
— au-dessus de 1.40. . . . . id.	» 30	» 30
Repose de carreau jusqu'à 1 mètre à l'équerre. . . . . id.	» 25	» 25
— de 1.01 à 1.40 inclusivement. . . . . id.	» 40	» 40
Au-dessus de 1.40 au prix des verres hors mesures.	observation.	
Masticage de croisées. . . . . le mètre linéaire.	» 07	» 07
— de châssis de comble. . . . . id.	» 15	» 15
Mastic fourni et employé. . . . . le kilog.	» 90	» 90
Nettoyage, après peinture achevée, de carreau sur les deux faces jusqu'à 1 mètre à l'équerre. . . . . la pièce.	» 06	» 03
— de 1.01 à 1.40 inclusivement. . . . . id.	» 10	» 05
— au-dessus de 1.40. . . . . le mètre superficiel.	» 30	» 15
— de glaces. . . . . id.	» 40	» 20
Nota. — Quand les verres et glaces seront nettoyés sans qu'il soit fait de peinture, les prix diminueront de moitié.	observation.	
Tringles Finken, en zinc. . . . . le mètre linéaire	» 70	» 70
OBSERVATION. — Les ouvrages non compris à la présente série seront estimés par analogie avec les prix des ouvrages auxquels ils auront le plus de rapport.	observation.	

MIROITERIE.

Le court espace de temps que nous avons eu pour établir les renseignements que nous avions à fournir non-seulement ne nous a pas permis de nous occuper, comme nous l'aurions voulu, de tous les détails relatifs à la peinture, dorure, tenture et vitrerie, mais il nous a été impossible de nous occuper de la miroiterie.

TABLE DES MATIÈRES.

TENTURE.

VITRERIE.

Paris. — Imprimerie de madame veuve Bouchard-Huzard, rue de l'Éperon, 5.

Paris. — Imprimerie de madame veuve BOUCHARD-HUZARD, rue de l'Éperon, 5.

www.ingramcontent.com/pod-product-compliance
Lightning Source LLC
Chambersburg PA
CBHW07085280326
41934CB00008B/1458